Peter Jungwirth

Hündin Bruni ...
... unser Sonnenschein

NOEL-Verlag

Originalausgabe
Juli 2018

NOEL-Verlag GmbH
Achstraße 28
D-82386 Oberhausen/Obb.

www.noel-verlag.de
info@noel-verlag.de

Die Deutsche Bibliothek verzeichnet diese Publikation in der Deutschen Nationalbibliografie, Frankfurt; ebenso in der Bayerischen Staatsbibliothek in München.

Autor: Peter Jungwirth
Covergestaltung: NOEL-Verlag

1. Auflage
Printed in Germany
ISBN 978-3-95493-300-6

Inhalt

Wie es begann 5
50 Jahre später 9
Der Wurf ist gefallen 13
Von Bruno über Hera zu Bruni 18
Bruni kommt nach Hause 23
Das Thermometer 28
Erster Schritt zum Hundeklub 31
Der Tannenzapfen 33
Die Kampfhunde-Hysterie 37
Eau de Parfum 52
Rex, der Einbrecher 55
Django und der Tennisball 60
Das Frikadellchen 63
Der Box-Weltmeister 64
Fährtenlegen ist sehr schwer 68
Meine erste Schutzhundprüfung 71
Ein wahrlich beschi ... Fährtengelände 83
Ein Baby kommt 90
Erfahrungen eines Veteranen 99
Die Regenbogenbrücke 102

Wie es begann

Die Geschichte beginnt eigentlich schon vor ca. sechzig Jahren.

Unmittelbar nach dem Krieg wuchsen mein vier Jahre älterer Bruder und ich in einem kleinen, verträumten Städtchen südlich von München auf. Mein zwölfjähriger Bruder hatte einen Schulfreund, mit dem er gemeinsam Klavierunterricht bei einer Musiklehrerin nahm. Die Familie des Schulfreundes hatte eine Boxerhündin namens Coko.

Am Rande der Stadt, nicht weit von unserem kleinen Häuschen, gab es eine Hals-Nasen-Ohren-Klinik.
Der leitende Arzt, ein gewisser Dr. Zimmermann, befreite mich auch von meinen entzündeten Mandeln und Polypen. An diese Operation erinnere ich mich nur ungern.
Ich saß auf dem Schoß einer korpulenten und kräftigen Schwester, die mich und meine Arme wie im Schraubstock festhielt. Mein Mund war mittels einer sogenannten Maulsperre offengehalten, während der Doktor in meinen Hals herumschnippelte und mich mehrmals anschrie, ich sollte nicht laufend würgen. Zum Dank für seine Dienste spuckte ich dem Doktor Blut über seinen Augenspiegel und seinen weißen Kittel.

Warum ich das so ausführlich erzähle? Nun, Professor Zimmermann hatte auch einen Boxer – einen Rüden, ein prachtvolles Exemplar von einem Boxer, der Rex gerufen wurde.
Coko und Rex waren die einzigen Boxer in unserem

Städtchen, und als Coko eines Tages acht Welpen bekam und diese nach einigen Wochen spazieren geführt wurden, war dies die Sensation und Attraktion in der ganzen Stadt.

Es war ganz natürlich, dass ich als achtjähriger Junge mich etwas Älteren anschloss. So erfuhr ich immer Dinge, die ich noch nicht kannte, und zum anderen fühlte ich mich durch die Älteren und Stärkeren beschützt. Die Älteren wiederum duldeten mich in ihrem Kreis, denn ich sah in ihnen ‚Vorbilder', und war bei allen Streichen immer dabei.

Eines Tages stand unsere Clique von 5 bis 6 Jungen, alle zwischen 8 und 10 Jahre alt, zusammen und wusste nicht wie sie die Zeit totschlagen sollte.

Jeder überlegte, welchen Streich wir heute machen sollten. Es gab ja kaum noch etwas, was wir noch nicht gemacht hatten.

Wir standen im Kreis herum, traten von einem Bein auf das andere, suchten in unseren Taschen nach einer Lösung für unsere Langeweile, da sagte Klaus unser Anführer: „Wenn ich groß bin, bekomm' ich einen Hund"!
„Ich auch", „ich auch", antwortete es reihum im Kreis.
Dann wieder Klaus: „Ich will einen Schäferhund."
„Ich auch", „ich auch", kam das prompte Echo der Gruppe, nur ich hatte mich der Stimme enthalten.
Alle Augen waren erstaunt auf den Kleinsten, den Jüngsten gerichtet: „Du willst keinen Schäferhund, warum denn nicht, ja sag' einmal, was für einen Hund willst du denn?"

Ich kannte zwar die Geschichte von Coko und Rex, aber eine genaue Vorstellung wie Boxer eigentlich aussehen, hatte ich nicht. Mehr aus Trotz oder Opposition, oder auch nur, um den Älteren zu zeigen, dass ich auch eine eigene Meinung haben konnte, presste ich mutig hervor: „Einen Boxer!“
Einige Augenblicke eine atemlose Stille. Dann entlud sich die Überraschung der Gruppe, und ein Geschrei ertönte ringsum: „Waaas, einen Boxer?“
„Der hat ja eine eingedrückte Nase.“
„Der hat ja gar keinen Schwanz!“
„Du willst wirklich so einen komischen Hund mit so einem blöden Gesicht?“
Ich merkte sofort, dass die anderen mich nicht ernst nahmen, ich hörte förmlich ihre Gedanken: ‚Der Kleine ist ja noch so dumm, der weiß nicht einmal wie ein richtiger Hund aussieht‘.

Aber je mehr ich gehänselt wurde, umso mehr verteidigte ich ‚meinen‘ Boxer. Vor Zorn standen mir die Tränen in den Augen und ich bestand hartnäckig darauf, später einen Boxer und keinen Schäferhund zu haben. Allmählich beruhigte sich die Gruppe, und ich war nicht mehr das Gespött der anderen.

Jetzt kam wieder Klaus: „Mein Schäferhund soll einmal ‚Rex‘ heißen.“
„Meiner Wolf“, „meiner Tiger“, „meiner Asko“, kam das Echo aus der Gruppe. Dann eine lange Pause – und wieder schauten mich alle an.
„Und wie soll dein komischer Boxer einmal heißen?“
Krampfhaft suchte ich nach einem geeigneten Namen, alle bekannten Hundenamen waren schon an die Schäferhunde vergeben. „Bruno“ presste ich hervor – der erstbeste Name, der mir einfiel.

„Wie bitte, Bruno?“ Und wieder ein Gelächter und Geschrei: „Der Boxer Bruno, das ist ja zum Totlachen.“
Auch jetzt blieb ich standhaft und bei meinem ausgewählten Namen. Und auch jetzt beruhigte sich die Gruppe nach einer Weile und suchte weiter, was sie denn heute anstellen könnte.
So war mein Boxer geboren, über 50 Jahre vor der eigentlichen Geburt und er hatte auch schon einen Namen: ‚Bruno‘.

Ab jetzt hießen bei mir alle Boxer Bruno. In meiner Jugendzeit, immer wenn ich einen Boxer sah, sagte ich: „Schaut her ein Bruno.“ Auch später, als ich schon verheiratet war und Kinder hatte, existierte der Hunderassename Boxer bei uns nicht – vielmehr hießen alle Boxer ‚Bruno‘.

Auch meine Kinder sagten schon: „Schau Papa, ein Bruno.“ Seltsamerweise, immer wenn ich einen Boxer auf der Straße sah und ich Bruno rief, sprang der voller Freude zu mir, leckte mir die Hand und holte sich seine Streicheleinheiten ab. Dieses ‚Bruno‘ anstelle ‚Boxer‘ war bei mir und der Familie so verwurzelt, ja es war sogar für uns zu einem Synonym geworden und wir benutzten es bis vor einigen Jahren, als ich langsam daran dachte, in den Ruhestand zu gehen.

50 Jahre später

Inzwischen waren viele, viele Jahre, ja fast 50 Jahre vergangen. Ich lebte seit über dreißig Jahren in Hessen, in der Nähe von Frankfurt im Taunus. Meine Frau und ich hatten gerade unseren zweiten Wohnsitz in Dresden aufgegeben, wo wir knapp fünf Jahre gewohnt hatten. Unmittelbar nach der Wende war ich im Auftrag der Treuhand ein berufliches Engagement dort eingegangen und wir wohnten wunderschön in der Nähe der Elbe, gegenüber von Schloss Pillnitz.

Zwangsläufig hatten wir uns in der Nähe von Dresden, in Heidenau, einen Hausarzt gesucht. Doktor Kotsch war eine Kapazität, dem meine Frau und ich viel zu verdanken haben. Er fand nämlich heraus, dass meine Frau nicht einen Herzklappenfehler hatte, an dem sie seit ihrer Kindheit falsch behandelt wurde, sondern viel schlimmer, sie hatte ein Loch in der Herzscheidewand. Die einzige Lösung für eine längere Lebenserwartung war eine Herzoperation. Diesen lebensgefährlichen Eingriff wagten damals nur drei Kliniken in Deutschland. Wir entschieden uns für die Spezialklinik in Rotenburg bei Bad Hersfeld.

Dort wurde dann meine Frau im Sommer 1995 erfolgreich operiert.

Um in den Tagen nach der Operation und während der anschließenden REHA, die ebenfalls in der Klinik in Rotenburg erfolgte, in der Nähe meiner Frau sein zu können, quartierte ich mich nicht weit davon in einer kleinen Pension ein, etwas außerhalb vom Zentrum des

zauberhaften mittelalterlichen Städtchens.
Eines Abends, ich hatte keine Lust mit dem Auto in die Stadt zu fahren, um zum x-ten Male am dort noch schmalen Lauf des Flüsschens Fulda spazieren zu gehen, oder in einer der zahlreichen Kneipen herumzusitzen, blieb ich in der Pension und aß in der dortigen Gaststätte eine Kleinigkeit. Als ich in den Gastraum kam, der kaum größer war als ein großes Wohnzimmer, war dieser trostlos leer; lediglich in einer Ecke saß an einem Vierertisch eine Frau alleine und verzehrte ihr Abendbrot. Typisch für einen Hessen setzte ich mich ans andere Ende des Raums, gab der Chefin des Hauses meine Bestellung und vertiefte mich in eine Tageszeitung.

Nach einem über einstündigen Schweigen, nachdem ich gegessen und die Zeitung von vorne bis hinten und wieder zurück gelesen hatte, fing ich zaghaft ein Gespräch mit der Frau vom gegenüberliegenden Tisch an. Das anfangs etwas zähe Gespräch entwickelte sich zu einem interessanten Austausch, nachdem ich erfahren hatte, dass der Mann meiner Gesprächspartnerin ebenfalls in der Klinik lag, in der meine Frau war. Wir tauschten gegenseitig die Krankengeschichten und Leidenswege unserer Ehepartner aus und vergaßen darüber, dass es schon spät geworden war.

Nachdem eine weitere Stunde vergangen war, sagte die Frau: „So, jetzt geh' ich aber ins Bett." Sie bezahlte ihre Zeche, stand auf und ging in Richtung Ausgang.
In diesem Augenblick sprang unter dem Tisch ein Boxer hervor, Entschuldigung, natürlich ein Bruno, den ich über zwei Stunden nicht bemerkt hatte, der brav und folgsam unter dem Tisch gelegen und auf sein Frauchen gewartet hatte.

Ich rief: „Hallo Bruno.“
Natürlich sprang Bruno sofort zu mir – es spielte keine Rolle, dass Bruno eigentlich eine Hündin war – holte sich bei mir mit dem Hinterteil wackelnd seine Streicheleinheiten ab und leckte dabei meine streichelnden Hände. Auf das Kommando: „Gustel, jetzt komm endlich!“, ging Bruno zu seinem Frauchen und verschwand im Treppenhaus, das zu den Gästezimmern führte, nachdem wir uns gegenseitig noch ‚Gute Nacht‘ gewünscht hatten.

Am nächsten Morgen war ich wie fast jeden Tag in einem nahegelegenen Schwimmbad und schwamm mehrere Bahnen. In der Früh war das Bad noch fast leer und so machte es viel Spaß, im großen Becken alleine herumzuplanschen. So nutzte ich auf angenehme Weise die Zeit, bis ich meine Frau in der Klinik besuchen konnte.

Auf dem Rückweg zur Pension sah ich in einiger Entfernung einen Bruno und als wir uns näherten, erkannte ich die Hündin von gestern. Als sie mich sah, sprang sie heran und leckte mir wieder die Hände, während ihr Hinterteil vor Freude wackelte. Dann kam ein Mann heran und es stellte sich schnell heraus, dass es der Ehemann der Frau aus der Pension von gestern war. Sie hatte heute Morgen ihren Mann abgeholt, der aus der Klinik entlassen worden war, packte gerade die Koffer und die beiden wollten anschließend nach Hause, nach Köln fahren. Ihr Mann und ich unterhielten uns in der Zwischenzeit angeregt, wobei natürlich der Hund im Mittelpunkt stand.
Herr Kraus, so hieß der Mann, erzählte mir, dass seine Frau seit vielen Jahren Boxer züchte, in ganz Europa

Ausstellungen besuchen würde und durch dieses Engagement eine schwere Krankheit überwunden hätte. Je länger das Gespräch dauerte und Herr Kraus mir mehr Einzelheiten erzählte, um so interessierter wurde ich.
Nach einiger Zeit kam die Frau dazu, mischte sich in das Gespräch ein und merkte mein zunehmendes Interesse. Wir gingen zu ihrem Auto, das vor der Pension parkte und in das sie schon ihre Koffer verstaut hatte. Sie zeigte mir den Kofferraum ihres Kombis, den eine große, zweigeteilte Hundebox total ausfüllte. In die eine Hälfte der Box sprang Bruno, richtig gesagt Gustel, nicht bevor sie mir nochmals meine Hände abgeleckt hatte

Dann verabschiedeten wir uns und tauschten Visitenkarten aus. Beim Auseinandergehen sagte ich noch nebenbei zu Frau Kraus: „Wenn Ihre Gustel einmal Junge kriegen sollte, wäre ich an einem Welpen interessiert.“.
Das würde aber mindestens noch ein Jahr dauern, da sie erst ein Jahr alt sei und noch verschiedene Prüfungen und Untersuchungen bestehen müsste, antwortete Frau Kraus. Ich wiegelte schnell ab, dass es mir nicht eilen würde, ich noch einige Zeit warten könnte und ich überhaupt noch nicht auf einen jungen Hund vorbereitet wäre.
So gingen wir auseinander.
Meiner Frau hatte ich vergessen von der Begegnung und dem Gespräch zu berichten, oder hatte ich es bewusst ‚vergessen‘?

Der Wurf ist gefallen

Wieder war eine lange Zeit, fast ein Jahr, vergangen.
Meine Frau hatte die Operation in Rotenburg und eine spätere Implantation eines Herzschrittmachers gut überstanden und sie fühlte sich wieder ganz wohl.
Mein Treffen mit Gustel und das Gespräch und die Verabredung mit ihrem Frauchen und Herrchen hatte ich meiner Frau immer noch nicht gebeichtet, und hatte überhaupt die ganze Geschichte fast vergessen.

Wir kamen gerade von einer Urlaubsreise von den Kanaren zurück. Während ich die Koffer ins Haus brachte, das Haus und den Garten inspizierte, ob noch alles in Ordnung war, sortierte meine Frau die eingegangene Post und hörte den Anrufbeantworter ab. Als ich wieder ins Haus kam und meine Frau fragte, ob wichtige Post eingegangen sei und wer angerufen hätte, meinte sie: „Nichts Besonderes; nur da war ein seltsamer Anruf von einer Frau Kraus aus Köln. Sie sagte, du sollst einmal zurückrufen, der Wurf sei gefallen."

Nun war es natürlich für mich höchste Zeit, meiner Frau die Geschichte, die vor einem Jahr in Rotenburg geschah, zu erzählen.

Nachdem sich meine Frau und zugegeben auch ich, uns von der Überraschung erholt hatten, nach einer stundenlangen Diskussion und nach einem Rückruf, entschlossen wir uns am nächsten Wochenende nach Köln zu fahren und den Wurf anzuschauen.

Als unsere Tochter am Freitagabend bei uns anrief, uns ein angenehmes Wochenende wünschte und uns nach unseren Plänen für das Wochenende fragte, antwortete ich: „Wir fahren morgen nach Köln.“.
Auf die neugierige Frage der Tochter: „Was macht ihr denn in Köln?“, antwortete ich betont fast uninteressiert und gelangweilt: „Wir schauen uns junge Hunde an.“
Ihre Antwort war schon keine Frage mehr, sondern fast eine hellseherische Feststellung: „Ihr fahrt doch nicht nach Köln, um junge Hunde anzuschauen, ihr bringt doch einen mit!“ Unser Dementi klang selbst in meinen Ohren nicht gerade überzeugend.

Gespannt was uns erwarten würde, fuhren wir am nächsten Tag nach Köln und hatten schnell die angegebene Anschrift in einem vornehmen Vorort gefunden. Wir wurden freundlich in einem gepflegten Flachbungalow begrüßt und schnell führte uns Frau Kraus in ein Zimmer, das von Möbeln leergeräumt war.
Einziges Möbelstück war eine große Wurfkiste, in der eine große Boxerhündin seitlich lag und zwischen Vorder- und Hinterläufen bewegten sich quirlige helle und dunkle Wollflecken, die piepsten wie kleine Mäuse.

Frau Kraus hatte uns schon erklärt, dass Gustel vor zehn Tagen acht Welpen geworfen hatte, vier Rüden und vier Mädchen, die alle hell- bzw. dunkelgestromt waren, bis auf einen Rüden, der goldgelb gezeichnet war.Bei meiner Frau und mir herrschte ohne große Diskussion bereits Einigung, dass wir einen Welpen wollten, aber nur eine Hündin.Welche der vier Mädchen war noch unklar. Wer jemals als Anfänger wie wir, vor einer Wurfkiste gestanden ist und die piepsenden Wollknäuel gesehen hat,

konnte gar nicht anders als sich für eines zu entscheiden. Die ganzen Bedenken, die man vorher hatte, waren wie weggeblasen und man war nur fasziniert von dem kleinen Wunder, das vor einem lag.
Frau Kraus hatte sich inzwischen Gummihandschuhe angezogen und hob einen Welpen nach dem anderen aus der Wurfkiste hielt ihn hoch und erwähnte einige Einzelheiten zu jedem. Als sie das dritte oder vierte Hündchen hochnahm und sagte: „Diese ist eine ganz Freche.Sie ist schon sehr lebendig und hat als erste versucht aus der Wurfkiste zu krabbeln."
Meine Frau und ich sahen uns einen kurzen Augenblick an, und dann kam es wie aus einem Mund:

„Das ist sie!"

So schnell kann eine Entscheidung getroffen werden. Jetzt sahen wir aber das kleine Etwas in der Hand von Frau Kraus näher an. Dunkel gestromt, mit einem kleinen weißen Flecken über der Nase, ein größerer weißer Flecken auf der Brust, und die kleinen Pfötchen zierten vier weiße Söckchen; die Augen waren noch geschlossen, aber aus dem aufgerissenen Schnäuzchen kamen schon laute, Hunger signalisierende Töne.

Sofort hatten wir die Kleine liebgewonnen.

Frau Kraus setzte sie wieder zwischen die Läufe ihrer Mama an deren Brust und zeigte uns noch die anderen Welpen. Aber wir hatten uns schon entschieden! Als wir alle acht Welpen gesehen hatten, wollten wir nochmals unsere Wahl ansehen. Nochmals hob Frau Kraus die Kleine aus der Kiste und wir bewunderten das kleine Wollknäuel, für das wir uns entschieden hatten.

Wir klärten mit Frau Kraus noch einige Formalitäten und verabredeten uns für einen weiteren Besuch in ca. vier Wochen.

Auf der Heimfahrt diskutierten meine Frau und ich nicht darüber, ob wir uns einen Hund zulegen sollten, sondern wir beglückwünschten uns gegenseitig zu unserer spontanen, aber nicht weniger guten Entscheidung.

Vier Wochen später fuhren wir wieder nach Köln. Die letzten Wochen beherrschte unser Familienleben nur ein Thema: Der neue Hund!
Bei Familie Kraus angekommen, wurden wir nach einer herzlichen Begrüßung in den Garten geführt; es war Mitte August 1996. Die acht Welpen waren schon gut

gewachsen, hatten aber noch keine richtige Figur, sondern sahen eher bunten, dicken Würsten ähnlich. Sie wieselten im Garten und untereinander durcheinander, sodass wir Mühe hatten, die Kleine zu entdecken, die unser Haus beleben sollte. Unter drei miteinander rangelnden Welpen entdeckten wir sie; einmal war sie oben, dann wieder die anderen. Es war herrlich, den jungen Hunden beim Spielen zuzuschauen, es hätte stundenlang so weitergehen können.

Während wir an einem Gartentisch Kaffee tranken, leckeren selbstgebackenen Kuchen aßen und den Hunden zusahen, bereitete Frau Kraus eine Zusatzmahlzeit für die Kleinen vor. Dann kam sie mit einem Metallgestell an, in dem acht Blechschüsseln in zwei Reihen angebracht waren. Die Schüsseln waren mit einem wohlriechenden Brei gefüllt. Kaum hatte Frau Kraus das Gestell mit den Näpfen auf einem Stück Rasen abgestellt, stürzten die Kleinen aus allen Ecken des Gartens herbei und machten sich über ihr Futter her. Es sah so aus, als ob jeder seinen Platz in der Doppelreihe des Gestells kannte, so ordentlich standen alle vor einem Napf und schlangen gierig ihr Fressen hinein. Nur einer hielt sich nicht an diese Ordnung. Er sprang in die Schüssel seines Nachbarn, fraß diese leer und machte sich dann über seine eigene her.
Nach dem Fressen sahen alle noch dicker aus als sie sowieso schon waren. Kaum waren vielleicht zwei Minuten vergangen, da legten sich die Kleinen vollgefressen und müde hin, gerade wo sie waren. Zwei, drei kuschelten sich immer zusammen und bald klang ein leises aber vielstimmiges Schnarchen durch den Garten.

Von Bruno über Hera zu Bruni

Nun kam aber ein wichtiger Augenblick, ein Name musste für unser Hündchen gefunden werden. Dieser Name war insoweit wichtig, als er in das Zuchtbuch und in die Ahnentafel eingetragen werden musste. Da den Regeln des Boxer-Klubs entsprechend, alle Welpennamen eines Wurfes mit dem gleichen Buchstaben beginnen müssen und der Buchstabe sich danach richtet, der wievielte Wurf des jeweiligen Zwingers gefallen war, musste der Name mit ‚H' beginnen, denn es war der achte Wurf im Zwinger ‚von Nüsseberg'.

Als Frau Kraus uns dann nach dem Namen fragte, überlegte meine Frau einen Augenblick und sagte dann spontan: „Hera." Damit war der Name unseres Hündchens auf immer und ewig festgelegt und in allen offiziellen Papieren des Boxer-Klubs, z.B. Ahnentafel, Zuchtbuchnummer, Leistungskarte usw., dokumentiert.

Später, als ich die ersten Prüfungen machte und Hera auf den ersten Zuchtschauen ausstellte, war ich immer etwas irritiert, wenn der Aufruf nach ‚Hera' kam, und ich nicht wusste, ob wir gemeint waren. Denn, wenn Sie diese Geschichte bis hierher gelesen haben, werden Sie sicher ahnen, dass es bei diesem Namen nicht geblieben ist. Natürlich ist der Name Hera überall verewigt, aber gerufen haben wir unser Hündchen nie so.

Ja, Sie haben es fast erraten: „Bruno"! – Nein! Es war ja ein Mädchen. Also richtig: „Bruni"!
Nun – dieser Name begleitete sie ihr ganzes Leben und darüber hinaus. Immer wurde sie Bruni gerufen, ent-

weder von uns, den Kindern, den Freunden, den Kollegen im Hundeklub oder auch bei den Gassigeh-Freunden.
Und sie hörte später auch auf diesen Namen – zuerst etwas zögerlich, später immer besser, je nach Laune.

Nach der Namensfindung hatten wir uns bald von Frau Kraus verabschiedet und den 1. September als Übergabetermin verabredet. Dann waren die Welpen genau acht Wochen alt, vom zuständigen Zuchtwart des Boxer-Klubs abgenommen, hatten die ersten Impfungen erhalten und waren tätowiert.

Schon auf der Heimfahrt war nur noch Bruni unser Gesprächsthema.

Die Wochen danach vergingen wie im Flug. Als Vorbereitung für den Einzug von Bruni in unser Haus war eine lange Einkaufsliste abzuarbeiten.
Da musste ein Bettchen gekauft werden, ein zweites zum Wechseln und ein drittes als Reserve.Dann mehrere Futternäpfe und ein höhenverstellbares Gestell dafür, dann mehrere Halsbändchen und Führleinen. Natürlich einige ‚Fachbücher', Futterempfehlungen von allen gängigen Futtermittelherstellern und auch Futterproben.

Fast hätte ich vergessen zu erwähnen: Ein neues Auto hatten wir auch bestellt, einen Kombi mit einem großen, geräumigen Kofferraum, in dem wir eine Hundebox unterbringen konnten, mit viel Platz für unsere Bruni.

Viele Gespräche mit Freunden wurden geführt, jede Menge gute Ratschläge erhielten wir. Einige Freunde sagten es, mehrere dachten es: „Ihr seid total verrückt.“

Unseren Kindern, die außer Petra nichts von unserem Familienzuwachs wussten, schrieben wir einige Zeilen, u.a.: „Nachdem Ihr uns bis heute nicht zu Großeltern gemacht habt, haben wir uns jetzt einen Hund zugelegt.“

Diese Briefe lösten natürlich wieder mehrere stundenlange Telefonate aus. Wir mussten immer wieder die Geschichte unserer Bruni erzählen und erklären, warum wir gerade jetzt, wo wir doch in den Ruhestand gehen wollen, um mehr Zeit für uns zu haben, einen Hund zulegen wollen. Die halbe Familie erklärte uns für verrückt.

Ich erinnerte mich an meine Jugendzeit, als ich als kleiner Junge vor meinen damaligen Freunden schon aus Opposition, meinen, im Kopf vorhandenen Boxer, namens Bruno, verteidigte. Je mehr ich damals ausgelacht und verspottet wurde, umso mehr hatte ich Bruno verteidigt.

So auch jetzt: Alle, auch wohl gemeinten Argumente gegen einen Hund prallten bei uns ab, wir verteidigten tapfer unsere Bruni, obwohl sie noch gar nicht da war; wir stellten unsere Ohren auf Durchzug und zeigten uns taub!

Dann endlich, kam der ersehnte Samstag, der 1. September. Erwartungsfroh fuhren wir wieder nach Köln, um unser neues Familienmitglied abzuholen. Zuerst waren wir etwas enttäuscht, denn von den ursprünglich acht Welpen waren nur noch zwei da, Bruni und der gelbe Henry. Die anderen waren bereits von ihren neuen Besitzern abgeholt worden. Bruni sollte ja jetzt, und Henry morgen, abgeholt werden, und damit war die Mutter Gustel wieder alleine.

Aber anstatt über den Verlust ihrer Jungen zu trauern, schien Gustel froh zu sein, von den Plagegeistern erlöst zu werden. Sie lag ganz entspannt im Gras in der Sonne und döste vor sich hin.
Die beiden Kleinen aber hatten gut gefressen und anschließend laut schnarchend geschlafen. Sie waren jetzt putzmunter und wollten spielen. Sie kletterten auf ihrer Mama herum, zwickten sie in die Ohren und forderten sie zum Spielen auf. Gustel hatte aber keine Lust, wollte selbst schlafen und ruhen. Als die Kleinen aber keine Ruhe gaben und weiter auf ihr herumkletterten, fauchte sie die Kleinen von der Seite einmal kräftig an. Das störte die aber gar nicht und sie setzten ihre Spielchen mit ihrer Mama fort. Plötzlich sprang sie auf, versetzte dem besonders frechen Henry mit der Vorderpfote einen kräftigen Schlag, dass dieser zwei Meter durch die Luft flog und dabei quiekte wie ein Meerschweinchen.

Jetzt war Ruhe, die Mama Gustel konnte schlafen und die Kleinen hatten sich in eine andere Ecke des Gartens verzogen.
Dies war ein praktisches Beispiel, wie Welpen erzogen sein wollen!

Inzwischen hatten wir mit Frau Kraus die notwendigen Formalitäten erledigt. Die Welpen waren vom zuständigen Zuchtwart abgenommen worden, sie waren geimpft und im Ohr tätowiert. Dann bekamen wir noch etwas Futter für die nächsten Tage, eine lange Liste wie und wann und wie oft und wie lange Bruni mit was zu füttern ist, eine Liste mit Medikamenten im Krankheitsfall, und viele gute Ratschläge.

Bruni wurde noch einmal von Frau Kraus gedrückt und geknutscht. Der Herr des Hauses war nicht da. Herr Kraus ging immer außer Haus, wenn ein Welpe abgegeben wurde.Die neuen Besitzer sollten offensichtlich nicht die Tränen sehen, die vergossen wurden, wenn eines der liebgewonnenen Kleinen für immer ihre Kinderstube verließen.

Für uns war dieses Verhalten ein positives Zeichen. War es doch Beweis für eine artgerechte Aufzucht; die Kleinen wuchsen im Haus, in der Familie, auf und jeder einzelne Welpe war liebgewonnen worden und nicht nur ein Verkaufsgegenstand!

Dann endlich verließen auch wir das Haus mit Bruni im Arm meiner Frau. Der Abschied war ganz kurz. Nach nochmaligem Streicheln von Bruni, umarmten wir uns kurz, Frau Kraus drehte ihren Kopf mit Tränen in den Augen zur Seite und stürzte ins Haus.

Bruni kommt nach Hause

Wir verstauten alle Dinge, die wir mitbekommen hatten im Auto, meine Frau setzte sich mit Bruni auf dem Schoß auf den Beifahrersitz, ich hinter das Steuer und dann ging es ab nach Süden, in Richtung Heimat.

Mehrmals hielten wir auf Parkplätzen an der Autobahn, hoben Bruni aus dem Auto und setzten sie auf ein Fleckchen Gras, damit sie ihre ‚Geschäfte' erledigen konnte. Aber sie wollte oder konnte nicht. Sie war vielmehr damit beschäftigt, das ungewohnte Halsband abzukratzen und die lästige Leine durchzubeißen. Später, als wir weiterfuhren, ging das kleine Geschäft doch, allerdings auf den Schoß meiner Frau; darauf vorbereitet, hatte sie sich schon ein großes Handtuch auf ihren Rock gelegt.

Dann zuhause: Tochter Petra war extra aus Frankfurt zu uns gekommen; aus Neugierde und um die ersten Fotos von Bruni zu schießen.
Natürlich musste unser neues Familienmitglied das Haus und den Garten erkunden. Im Haus selbst hatten wir als Vorsichtsmaßnahme alle Treppenauf- und -abgänge mit Kartons abgedeckt und alle möglichen Fallen zugestellt.

Die erste Mahlzeit, bestehend aus einem Gemisch von Haferflocken, Milch, Banane und Honig war schnell verschlungen und eine Vielzahl von Streicheleinheiten von allen Seiten wurde freudig entgegengenommen. Zum Dank und vor Aufregung gab es einige kleine Pfützchen, zum Glück auf die leicht zu reinigen Fliesen. Dann fiel Bruni plötzlich um und ein leises Schnarchen ertönte im Haus.
Jetzt endlich kehrte Ruhe ein und wir konnten einmal fest durchatmen.

Die nächsten Tage und Nächte waren ausgefüllt von Fressen herrichten, hinter Bruni herlaufen, damit sie nichts anstellen konnte, die Hinterlassenschaften wegzuputzen und alle zwei bis drei Stunden, auch nachts, zur benachbarten Wiese zu gehen, um mit viel Geduld und lockenden Worten sie zu bewegen ihre Geschäfte zu machen. Wenn diese wichtige Aufgabe erledigt war, gab es natürlich wieder viele lobende Worte und wieder Streicheleinheiten.

Wer jemals ein Menschen-Baby aufgezogen hat, kann sich in etwa vorstellen, welchen zeitlichen Aufwand, aber auch welche Aufregungen wir mitmachen mussten. Meine Frau und ich wissen von was wir sprechen, haben wir doch zusammen vier Kinder aufgezogen! Vom Aufwand und Nervenverschleiß kaum ein Unterschied.

Unsere Bemühungen hatten sich jedoch schnell gelohnt: Bruni war schon nach wenigen Wochen sauber, sie machte nicht einmal in unseren Garten. Sie musste immer zur nächsten Wiese geführt werden und brauchte immer etwas Grünes als Untergrund. Dies hatte den Vorteil, dass der Rasen in unserem Garten fleckenfrei blieb.

Die nächsten Wochen vergingen wie im Flug. Jeden Tag entdeckte Bruni etwas Neues im Haus oder beim Spazierengehen, und auch wir entdeckten immer wieder etwas Neues an ihr. Auch ich machte neue Erfahrungen; gerade beim Gassi-Gehen.

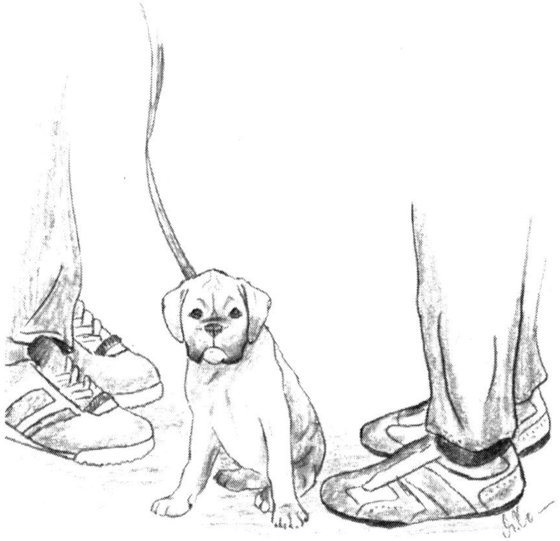

Obwohl ich schon bald zwanzig Jahre am Ort wohnte, kannte ich namentlich nur meine direkten Nachbarn. Durch meine berufliche Außendiensttätigkeit und fünfjährigen Einsatz in Dresden, hatte ich relativ wenig Kontakt zu den Menschen im Ort, obwohl der nur gerade eintausend Einwohner zählte.
Dies änderte sich schlagartig, als ich begann regelmäßig mit Bruni spazieren zu gehen. Da jeder Welpe ganz süß aussieht, blieben viele Leute stehen, begrüßten meine Bruni mit: „Ach, was bist du für eine Süße“, oder „bist du ein Mädchen oder Junge, wie heißt du denn“, oder „darf man dich streicheln, wie alt bist du denn, darfst du ein Leckerchen haben“, usw., usw.
Ich selbst wurde kaum beachtet; ich war ja nur das andere Ende der Leine!

Später kamen Fragen an mich dazu, wie „was füttern Sie?“, „zu welchem Tierarzt gehen Sie?“, „ist sie schon sauber?“ und vieles andere mehr.
So lernte ich allmählich die anderen Hunde kennen, denen wir begegneten. Die Rasse, das Alter, Rüde oder Weibchen und natürlich die Namen. Nur nicht die der jeweiligen Hundebesitzer oder Hundeführer.
So erzählte und antwortete ich meiner Frau nach dem Gassigehen und auf die Frage: „Habt ihr Jemanden getroffen?“
„Ja, den weißen Schäfer“, oder „den Münchner Dackel“, oder den „braunen Setter“, oder „den bunten Hund“; gemeint war ein Spitzmischling, dessen Fell lustige Vierfarben zeigte. Später kamen die Namen der Hunde dazu, ‚Django, Waldi, Asti und Cora‘.
Als ich dann später etwas über die jeweiligen Besitzer oder Hundeführer berichten wollte, sagte ich immer, „die Frau vom Django, die Oma vom Waldi, der junge

Mann mit dem Asti“ und auf die Frage „wer ist denn Django“, antwortete ich, „der weiße Schäfer“, oder auf die Frage „wer ist denn die Cora“, „der bunte Hund“.

Nun, jetzt kenne ich die meisten Hundeführer oder Besitzer, die mir immer wieder begegnen mit Namen, manchmal erfuhr ich auch etwas über die Familie, oder auch die Lebensgeschichte und auch noch mehr! Mit einigen verbindet mich fast eine Freundschaft, mit zwei, drei bin ich im gleichen Hundeklub und betreibe mit ihnen Hundesport.

Die Zeit verging wie im Flug. Bruni wuchs sehr schnell, für mein Empfinden zu schnell. Der Welpe mit seinem tollpatschigen Verhalten wurde zum tobenden Junghund; kurz sie entwickelte sich prächtig. Herrlich war die Wachstumsphase zu beobachten.
Der Hund wuchs nicht gleichmäßig mit allen Körperteilen, sondern sehr unterschiedlich. Einmal waren die Läufe zu schnell gewachsen, dass der übrige Körper nicht dazu passte, dann war wieder der Kopf zu groß, der Körper zu klein, der Fang zu breit und die Ohren zu kurz. Besonders lustig sah es aus, als die Hinterläufe schneller hochgeschossen waren als die Vorderläufe. Ich sagte dann immer: „Sie sieht aus wie ein tiefergelegter Manta“.
Nun, ich will den Leser nicht mit der ganzen Lebensgeschichte langweilen und über alle Einzelheiten berichten. Das würde den Rahmen sprengen. Ich möchte mich deshalb nur auf einige besondere Erlebnisse konzentrieren, die mir besonders im Gedächtnis haften geblieben sind, die besonders lustig waren, mich sehr nachdenklich gemacht oder den Tagesablauf von meiner Frau und mir stark beeinflusst haben.

Das Thermometer

Wir wohnen in einem Reiheneckhaus in einem Ortsteil einer Kleinstadt im Taunus. Nach dem Eingangsbereich geht es in den eigentlichen Wohnbereich.
Hinter dem Eingangsbereich führt eine Stufe tiefer in die Garderobe und dahinter zur Gästetoilette. In der Garderobe hatte Bruni eines ihrer zahlreichen, über das ganze Haus verteilten Bettchen, wo sie in der Nacht schlief, den Eingangsbereich beobachten und bewachen konnte.Dort war es im Winter schön warm; ein schmaler Heizkörper an der Wand sorgte für eine angenehme Temperatur.

Es war im ersten Winter mit Bruni; sie war gerade fünf Monate alt und war in dem Alter, in dem alle jungen Hunde ihre Umgebung mit den Zähnen erkunden. Außer einem Hausschuh von mir und einem Stuhlbein im Esszimmer, blieben wir von dieser Art Entdeckungsversuchen unseres Hundes weitestgehend verschont.

Eines Morgens kam meine Frau von unserem, im ersten Stock gelegenen Schlafzimmer in die Garderobe, um nach Bruni zu schauen und wie sie die Nacht verbracht hatte.Brunis Schlafraum war eiskalt, das Thermostat des Heizkörpers war abgedreht, und folglich herrschte im Eingangsbereich Eiseskälte; kein Wunder – außen herrschten Minustemperaturen.

Jetzt schlug ein mächtiges Donnerwetter über mich herein: „Wie kannst du nur dem armen Hund die Heizung abdrehen, deine Manie Heizkosten auf Kosten der Gesundheit des Hundes einzusparen, geht entschieden zu weit. Er holt sich noch eine Erkältung und eine Blasenentzündung. Die Arztkosten werden ein Vielfaches von dem sein, was du an Heizkosten sparst!" Und dann noch eins drauf, was mich besonders schmerzte: „Ich dachte, du liebst deinen Hund!"

Im ersten Augenblick war ich erschrocken; vermutete ich doch die Heizung im Haus sei defekt. Aber nein, überall im Haus war es angenehm warm, nur in der Garderobe nicht, wie ich mich selbst überzeugen konnte. Ich versuchte mich zu rechtfertigen, „ich hab' doch gar nicht …, nein ich hab' nichts gemacht und an der Heizung für Bruni herumgedreht!"
Meine Entschuldigungsversuche blieben ungehört, meine Frau drehte die Heizung wieder voll auf, aber der Haussegen hing noch für einige Stunden schief.

Einige Tage später, ich hatte die Geschichte schon fast vergessen. Es herrschte nach wie vor strenger Frost, und der Winter hatte unsere Landschaft fest im Griff. Wie jeden Tag aus Gewohnheit, ging meine Frau wieder frühmorgens in die Diele um nach Bruni zu sehen. Und, oh Schreck, auch dieses Mal war es wieder eiskalt. Und wieder bekam ich mein Fett weg. Wieder wurde ich wegen meiner angeblichen Sparsamkeit beschimpft und unser Hund wegen meiner Rücksichtslosigkeit bedauert.

Aber jetzt war ich wirklich sauer, ich wusste ja, dass ich unschuldig war und nicht an der Heizung herumgedreht hatte. Jetzt wollte ich der Sache auf den Grund gehen. Mit vor Zorn hochrotem Kopf stürzte ich in die Garderobe, stellte auch wieder fest, dass es saukalt war. Aber jetzt besah ich mir den Drehknopf des Thermostates am Heizkörper etwas näher.Und tatsächlich … die Rillen am Drehknopf waren fast alle von scharfen Zähnen weggenagt.

Und die Erklärung war ganz einfach. Bruni hatte in der Nacht Langeweile, nagte dabei an dem Drehknopf herum und stellte sich dabei selbst die Heizung ab.

Diese Geschichte sorgte für viel Gelächter in unserem Bekanntenkreis. Und – ich war zum Glück rehabilitiert.

Erster Schritt zum Hundeklub

Eine kurze Geschichte, besser – eine folgenschwere Begegnung muss ich noch erwähnen, denn sie hat das weitere Leben meiner Frau und mir wesentlich geprägt.

Es war im Dezember und Bruni gerade fünf Monate alt. Meine Frau und ich fuhren nach Frankfurt,um in einem Tierfachgeschäft verschiedene Dinge für unseren Familienzuwachs einzukaufen.

Bruni hatten wir in einer Box im Kofferraum unseres neuen Kombis mitgenommen. Nach dem Einkauf, der natürlich viel größer als geplant ausfiel, holten wir sie aus dem Auto, um sie auf dem Parkplatz vor dem Geschäft etwas laufen zu lassen. Wie der Zufall so spielt, sprach uns plötzlich eine junge, ca.20 Jahre alte Frau an: „Uiiiih, ein Baby, wie süß, wie heißt Du denn, woher kommst Du denn?“
Und wir wurden in ein Gespräch verwickelt, in dem sich herausstellte, dass unsere Gesprächspartnerin Martina hieß, Schriftführerin des Frankfurter Boxer-Klubs war. Sie lud uns ein, nach den Weihnachtsferien ihren Klub zu besuchen.

Wir hatten zwar vor, mit Bruni eine Hundeschule zu besuchen, denn wir waren der Meinung, ein Hund ab einer bestimmten Größe muss unbedingt fachlich geschult werden, um sich problemlos im Straßenverkehr und bei Begegnungen mit anderen Hunden zu verhalten; einem ausgesprochenen Rassehunde-Klub für Zucht und Hundesport beizutreten, hatten wir an sich nicht vor.

Trotzdem waren wir neugierig geworden und besuchten nach den Weihnachtsferien den Klub, der im Frankfurter Stadtwald sein Übungsgelände hatte. Wir trafen auch wieder Martina, die uns herzlich begrüßte und uns die herrlich gelegen Anlage zeigte. Damit nahm das ‚Verhängnis' seinen Lauf. Wir kamen regelmäßig in den Klub, waren schnell integriert, engagierten uns und ich wurde schon nach einem Jahr in den Vorstand gewählt, nach einem weiteren Jahr zum Vorsitzenden und bin heute noch Ehrenvorsitzender. Martina ist übrigens heute meine Nachfolgerin und erste Vorsitzende des Klubs.

Ich erwähne den Frankfurter Boxer-Klub und meine Rolle dort besonders deshalb, da einige, später erzählte Geschichten und Episoden dort spielten, oder im Zusammenhang mit dem Klub stehen.

Zwei zufällige Begegnungen haben doch das Leben von meiner Frau und mir stark verändert. Einmal die Begegnung mit Frau Kraus der Züchterin von Bruni vor ca. 22 Jahren und das Treffen mit Martina, der damaligen Schriftführerin des Boxer-Klubs vor 20 Jahren.

Der Tannenzapfen

Zurück wieder in den ersten Winter von und mit Bruni. Wir hatten über Weihnachten bis Heilige Drei Könige im Hochschwarzwald eine Ferienwohnung gemietet und natürlich Bruni mitgenommen. Dies war für sie überhaupt kein Problem, Hauptsache war: Wir waren auch dabei. Schon einige Wochen vorher hatten wir bei einem Besuch in Dresden in einem Hotel gewohnt, was für sie auch kein Problem war. Wir konnten sie sogar einige Zeit alleine lassen, wenn wir zum Frühstück oder Abendessen gingen.

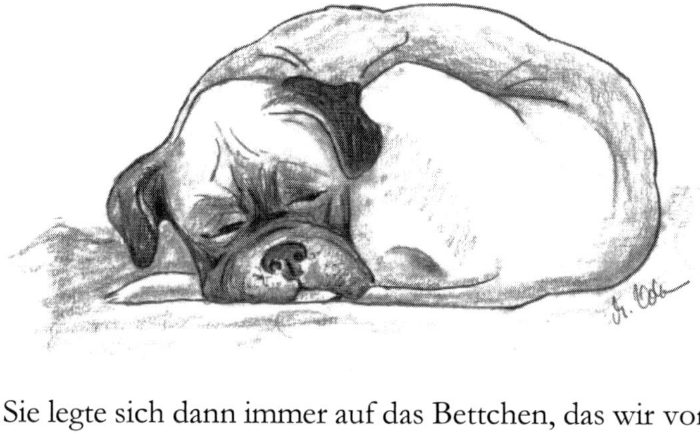

Sie legte sich dann immer auf das Bettchen, das wir von zu Hause mitgebracht hatten, bekam immer ein Leckerli und wartete geduldig auf unsere Rückkehr. Sie verhielt sich immer ruhig, bellte nie und störte auch nie die Zimmernachbarn.Sicherheitshalber hängten wir immer ein Schild ‚Bitte nicht stören' an die Türklinke, wenn wir das Zimmer verließen und Bruni zurückbleiben musste.

So auch jetzt in der Ferienwohnung.

Es war ein herrlicher Winter, es war eiskalt, tagelang Hochdruckwetter. Wir hatten unsere Langlaufski mitgenommen und wollten uns etwas sportlich betätigen. Leider fehlte der Schnee. Dies machte uns aber nicht so viel aus. Wir machten mehrere Ausflüge in die Umgebung, besichtigten Sehenswürdigkeiten und genossen natürlich auch den herrlichen Badischen Wein. Und Bruni war auch immer dabei.

Morgens machte ich mit ihr immer einen ausführlichen Spaziergang. Gleich aus dem Haus kommend, führte ein unbefestigter Weg am Wald entlang, stieg etwas an, sodass man einen wunderschönen Blick auf den kleinen Ort hatte. Die Bäume waren bizarr vom Raureif bedeckt und unzählige weiße Sterne funkelten in der aufgehenden Sonne. Hier begegneten wir keinem Menschen und ich konnte Bruni frei laufen lassen.

Ab und zu hob ich ein Stückchen Holz oder auch einen Tannenzapfen auf, schleuderte ihn weg und forderte Bruni auf, mir das willkommene Spielzeug wieder zurückzubringen. Dies wiederholte ich öfters und Bruni hatte das Spiel schnell verstanden, setzte sich dann brav vor mich hin und wartete darauf, dass ich ihr das Spielzeug aus dem Fang nahm und wieder wegschleuderte, oder sie ab und zu mit einem Leckerli belohnte. Auf diese Weise verschaffte ich Bruni viel Bewegung und ich sparte meine Kräfte.
Diese Spielereien wiederholte ich die nächsten Tage bei unseren Spaziergängen, der Spieltrieb wurde befriedigt, gelernt hat Bruni auch dabei, und ich habe sie davon abgehalten, in den angrenzenden Wald zu laufen, um vielleicht auf die Idee zu wildern zu kommen.

Dann, eines Morgens, als ich auf den Balkon trat, um nach dem Wetter zu sehen … eine freudige Überraschung: Alles war weiß. Über Nacht hatte es endlich geschneit, gleich ca. 30 Zentimeter und es schneite weiter. Unser Traum, in der hügeligen, tiefverschneiten Landschaft lang zu laufen, schien doch noch in Erfüllung zu gehen. Die Freude war umso größer, da wir mit so viel Neuschnee nicht mehr gerechnet hatten.
War das eine Freude, zu sehen wie der Hund den ersten Schnee entdeckte, durch den Schnee tobte, sodass die Schneeflocken ihn in eine weiße Wolke hüllten, und wie er voller Übermut in den Schnee biss und sich darin wälzte.

Während ich mühsam durch den Schnee stapfte, beobachtete ich Bruni bei ihren Spielereien. Plötzlich fiel ihr offensichtlich ein, was sie in den vergangenen Tagen gelernt hatte. Sie blieb wie angewurzelt stehen, steckte ihre

schwarze Nase in den tiefen, weißen Schnee und fing an wie verrückt darin zu scharren. Und richtig, sie hatte etwas in der Schnauze – ich meinte einen Tannenzapfen erkannt zu haben – und sie kam mit Bockspringen voller Freude zu mir, setzte sich vor mich und bot mir ihre Beute an.
Als ich mich lobend zu ihr herabbeugte, um ihr Spielzeug in Empfang zu nehmen, zuckte meine Hand vor Schreck zurück. Der vermeintliche Tannenzapfen erwies sich als die tiefgefrorene Hinterlassenschaft eines Artgenossen!

Für die nächsten Tage habe ich diesen Teil des Übungsprogramms ersatzlos gestrichen!

Die Kampfhunde-Hysterie

Es war die Zeit der unseligen Kampfhunde-Hysterie.

Natürlich ist jede Verletzung eines Menschen durch einen Hund, besonders die eines Kindes oder gar eine mit Todesfolge, äußerst tragisch und auch bedauerlich.

Was jedoch nach dem schlimmen Vorfall in Hamburg, bei dem ein kleines Kind tödlich verletzt wurde, in der Presse, vor allem im Fernsehen abging, hatte mit objektiver Berichterstattung nichts mehr zu tun. Dieser Einzelfall wurde in allen Kanälen mehrmals über mehrere Tage gezeigt; ich selbst habe die Bildberichte mindestens 30-mal gesehen, sodass der Eindruck entstehen konnte, es handele sich nicht um einen äußerst bedauerlichen Einzelfall, sondern um eine Vielzahl ähnlich gelagerter Fälle.

Dies löste sofort eine hektische, weil öffentlichkeitswirksame Emsigkeit bei Politikern, Presse, Verbänden und diversen Interessenvertretern aus. Ein Geschrei und eine Welle von Empörung und Forderungen gingen durch das Land.

Der Ruf nach strengeren Gesetzen, Zucht- und Importverbot bestimmter Hunderassen, Tötung von Kampfhunden, Eignungstest für Hundebesitzer, Wesenstests für Hunde, Maulkorb- und Leinenzwang grundsätzlich für alle Hunde, höhere Hundesteuer, usw. war an der Tagesordnung. Jeden Tag erschien in den einzelnen Bundesländern, weil zuständig, eine neue Liste von sogenannten Kampfhunderassen. Aufgrund von Protesten wurden diese Listen geändert, überarbeitet, neue

Vorschriften erlassen, Gesetze verabschiedet, wieder verworfen, neue erlassen.

Städte und Gemeinden waren auch sehr fleißig, legten die Gesetze nach eigenem Gutdünken aus und kochten ihr eigenes Süppchen. Chaos herrschte, da jedes Bundesland eigene Gesetze, nicht mit anderen Ländern abgestimmt, erließ und eigene Listen mit sogenannten ‚gelisteten' Hunden bzw. Hunderassen aufstellte. So konnte es z. B. passieren, dass, wenn ein Hundebesitzer mit seinem Hund von einem Bundesland in ein benachbartes fuhr, er oft nicht wusste, ob er nicht doch einen ‚gelisteten' Hund hat, ob er seinen Hund freilaufen lassen konnte und ob er vielleicht einen Maulkorb anlegen musste.

In öffentlichen Verkehrsmitteln blieb es oft dem Fahrpersonal überlassen, ob ein Hund mittransportiert wurde, und wenn ja, dann vielleicht nur mit einem Maulkorb. Selbst heute, viele Jahre nach dem ‚Hamburger Fall' gibt es keine einheitlichen Regelungen; jedes Bundesland hat seine eigenen.

Diese Hysterie um Kampfhunde führte regelrecht zu einer Art ‚Hexenjagd' auf alle Hundebesitzer. Im Alltag wurden sie beschimpft und bedroht, als Minderheit diskriminiert. Bei jedem Gassigehen versuchte jeder Hundebesitzer jeglichen Kontakt mit anderen Passanten aus dem Wege zu gehen.

Die Realität sieht jedoch ganz anders aus: In Deutschland gibt es pro Jahr durchschnittlich 3-4 Tote durch Hundeangriffe. Über die Ursachen sagt die Statistik nichts. Natürlich ist jeder Tote einer zu viel. Aber man sollte die Verhältnismäßigkeit nicht aus den Augen verlieren. Das Risiko in Deutschland an einem Insektenstich zu sterben, ist 10-15- mal höher, als durch einen Hundebiss; ca.40 Tote durch Insektenstiche werden jährlich registriert.

Mir selbst sind mehrere ‚kleinere' Vorfälle in Erinnerung, die mich selbst und meiner Boxerhündin widerfahren sind. Die Hunderasse ‚Deutscher Boxer' stand zu keiner Zeit und in keinem Bundesland auf der ‚Liste'. Trotzdem wurde ich fast täglich angefeindet.

Besonders schmerzlich habe ich es empfunden, wenn ich beim Gassigehen einer jungen Mutter mit ihrem kleinen Kind begegnete. Kaum gerieten mein Hund und ich in ihr Blickfeld, wurde das Kleine an die Hand genommen und die Straßenseite gewechselt.

Als ich dann diese Mutter wenige Stunden später sah, wie sie ihr Kind vom Kindergarten mit dem Auto abholte, das Kind nicht mit einem Sicherheitsgurt angeschnallt war, und sich kein Kindersitz im Auto befand, habe ich mich schon gefragt, von wem denn die größere Gefahr für das Kind ausging, vom ungefährlichen, angeleinten Hund oder von der leichtsinnigen Mutter?

Als ich einmal mit meinem Hund mit der Bahn nach Frankfurt fahren wollte und auf den Bahnsteig kam, um auf den Zug zu warten, nahmen zwei junge Mütter ihre kleinen Kinder an die Hand, gingen an das andere Ende des Bahnsteigs und bestiegen den Zug am hinteren Ende. Beim Aussteigen am Zielbahnhof wollten die jungen Frauen Zeit sparen und den vorderen Ausgang benutzen. Als sie aber mich bzw. meinen Hund dort entdeckten, drehten sie wieder um, nahmen einen Umweg in Kauf und den hinteren Ausstieg.

Natürlich ist bei Begegnungen von Kindern mit unbekannten Hunden eine gewisse Portion Vorsicht und Respekt angebracht. Aber kleinen Kindern Angst vor Hunden anzuerziehen oder vorzuleben, ist sicher der falsche Weg und führt bestimmt nicht zu einem respektvollen und ungezwungenem Umgang mit der Kreatur.
Ein anderes Mal ging ich mit meiner Frau, Bruni und einem befreundeten Ehepaar durch die Fußgängerzone in Bad Homburg.
Uns begegnete eine kleine Gruppe Jugendlicher, vom Aussehen keine Deutschen. Einer aus der Gruppe, vielleicht 17-18 Jahre alt, zeigte auf meine Hündin und sagte laut und deutlich, dass es auch andere Passanten hören konnten: „Der gehört auch vergast!"
Im ersten Moment waren wir sprachlos. Hatte er doch wirklich ‚vergast' gesagt. Was ging in jenem Kopf vor? War doch dieser Begriff im Zusammenhang mit Kampfhunden nie in der Presse gefallen. Ich erspare dem Leser meine Antwort zu wiederholen, die ich auch ziemlich lautstark dem Jugendlichen hinterherschickte.

Ein Vorfall bei der Begegnung mit der Obrigkeit ist mir noch in lebhafter Erinnerung. Meine Frau hatte beruflich in München zu tun und war mit dem Zug gefahren. Wir waren so verblieben, dass ich sie bei ihrer Rückkehr am Hauptbahnhof in Frankfurt abholen wollte. Laut Fahrplan sollte der Zug um 22.15 Uhr ankommen.

Also nahm ich Bruni mit, fuhr mit dem Auto nach Frankfurt und parkte vor dem Bahnhof. Ich ging dann mit meinem angeleinten Hund durch das Bahnhofsgebäude zur Stirnseite der Bahnsteige, informierte mich anhand der ausgehängten Fahrpläne, auf welchem Gleis der Zug ankommen sollte und ging dann an das Ende des Bahnsteiges; der Hauptbahnhof Frankfurt ist ein Sackbahnhof.

Der Bahnhof war um diese Zeit menschenleer; selbst die Kioske hatten schon geschlossen.Da ich 10 Minuten zu früh war und auf der großen Anzeigetafel 5 Minuten Verspätung angezeigt wurden, ging ich mit Bruni in der Halle auf und ab, um die Zeit zu überbrücken.

Dann tauchten plötzlich zwei uniformierte Wachleute auf. Dazu muss ich dem Leser erklären, dass nach Auflösung der Bahnpolizei, deren Aufgabe an den Bundesgrenzschutz übergeben wurde und der diese wiederum im Frankfurter Bahnhof an ein privates Bewachungsunternehmen weitergegeben hatte.

Die beiden Wachleute, einen halben Kopf größer als ich, bauten sich vor mir und meinem neben mir sitzenden Hund auf und sagten in einem streng dienstlichen Ton: „Das ist ein Kampfhund, der darf sich nicht auf dem Bahnhofsgelände aufhalten, Sie müssen sofort den Bahnhof verlassen!"

Ich erwiderte, dass mein Hund kein Kampfhund sei und ich nicht weggehen würde. Daraufhin entwickelte sich eine Diskussion welche Hunde denn ‚Kampfhunde' seien.

Einer der beiden holte aus seiner Brusttasche ein kleines Büchlein, in dem Fotos und Beschreibungen der Kampfhunde aufgeführt waren. Er blätterte dieses durch und deutete auf ein Bild, sah dabei meine Bruni an und triumphierte: „Hier, das ist ein Kampfhund!"

Ich sah mir das Bild an, keine Ähnlichkeit mit einem Boxer. „Nein, das ist nicht mein Hund."
Der ‚Kampfhundwächter' blätterte in seinem Büchlein weiter, fand noch zweimal eine weit entfernte Ähnlichkeit zwischen seinem Bildchen und meinem Hund; doch beide Male war kein Boxer dabei.

Wütend steckte er seine Broschüre wieder ein und fauchte: „Ich gehe überhaupt nicht nach den Bildern, sondern nach der Größe des Hundes. Dieser ist über 35 Zentimeter groß und muss deshalb den Bahnhof verlassen. Wenn Sie nicht sofort gehen, sprechen wir ein Hausverbot aus und rufen die Polizei."

Ich hatte inzwischen wieder Oberwasser gewonnen, fühlte mich sicher und im Recht und meinte etwas lässig: „Tun Sie, was Sie tun müssen, ich verlasse den Bahnhof nicht!"
Die beiden verließen den Bahnhof, wobei einer von ihnen noch meinte, so alte Leute wie ich dürften keine Kampfhunde mehr führen! Ich weiß nicht, ob ich in dieser Situation besonders alt ausgesehen habe, aber ich war gerade 62 Jahre alt geworden.

Und tatsächlich, nach einigen Minuten erschienen zwei Polizisten in Uniform. Ich bereitete mich schon innerlich auf eine weitere Auseinandersetzung vor und legte mir einige Argumente zurecht. Aber welche Überraschung! Die beiden Ordnungshüter schlenderten in einem Abstand von vielleicht zehn Metern an mir vorbei, beobachteten mich aus den Augenwinkeln und verschwanden wieder auf der anderen Seite des Bahnhofs.
Diese Polizisten waren besser geschult als die privaten

Kollegen und hatten erkannt, dass mein Hund kein gelisteter war.

Kaum waren die Ordnungshüter wieder verschwunden, fuhr der Zug aus München mit meiner Frau ein, wir begrüßten uns herzlich, wobei die bekannte Reihenfolge eingehalten wurde: Zuerst der Hund, dann ich. Wir Drei fuhren dann nach Hause und ich hatte Gelegenheit von meiner jüngsten Erfahrung zum Thema ‚Kampfhunde' zu berichten.

Diese Fälle, die ich selbst erlebt habe, blieben mir zwar in Erinnerung, prägten auch meine persönlich gemachten Erfahrungen in dieser Zeit, waren jedoch unbedeutend und hatten keine Folgen für andere Menschen. Ich fühlte mich einfach betroffen und in meiner Freiheit eingeschränkt.

Von der Politik, den Behörden und der Presse sah ich keine Unterstützung für die große Gemeinde der nie aufgefallenen Hundebesitzer. Nur als regelmäßige Hundesteuerzahler waren wir geduldet.

Die zwei nachstehenden Geschehnisse waren jedoch die schlimmsten, die mir mit der Kampfhunde-Hysterie bekannt wurden und weit über die Vorstellungskraft eines normalen Menschen hinausgingen.

Die Vorfälle verliefen dramatisch und endeten tragisch. Sie forderten zwei Menschenleben und zwei junge Mädchen waren noch lange in psychologischer Behandlung.

Die Presse schrieb mit großen Schlagzeilen darüber und füllte mehrere Tage die Titelseiten; alle Fernsehkanäle brachten ausführliche Berichte. Leider gab es keine öffentliche Ursachenforschung.

Rein zufällig passierten diese schrecklichen Dinge in meinem weiteren Umfeld.

In dem Hundeklub, in dem ich im Vorstand mitarbeitete, waren über 150 Mitglieder registriert; einen Teil davon kannte ich gar nicht persönlich. Sie hatten entweder keinen Hund mehr oder das Interesse am Hundesport war nicht mehr da. Aus Anhänglichkeit und zur Unterstützung des Klubs blieben sie trotzdem Mitglied.
So auch eine Mutter mit ihrer 12-jährigen Tochter Lisa. Sie hatten eine ca.sechs Jahre alte Boxerhündin, die ganz gut auf den Namen Nora hörte. Mit ihr hatten sie vor drei Jahren – vor meiner Zeit – die Begleithundprüfung abgelegt und damit ihr persönliches Ziel erreicht. Danach wollten sie keinen Hundesport weiter betreiben; die Tochter hatte inzwischen andere Interessen.

Eines Tages kam Lisa mittags von der Schule nach Hause und brachte ihre Freundin Michelle mit.
„Mutti, darf ich mit Michelle noch eine halbe Stunde spazieren gehen und Nora mitnehmen?“
„Ja, aber bleibt nicht solange weg, das Essen ist gleich fertig.“
Die beiden Mädchen warfen ihre Schultaschen in die Ecke und stürmten mit der freudig springenden Nora aus dem Haus.Wie von der Mutter angemahnt, musste Nora grundsätzlich angeleint werden, wenn sie von Lisa Gassi geführt wurde.

Der Weg führte die Drei auf einem Fuß- und Radweg durch die Wiesen am Mainufer. Die Mädchen sprachen noch über die Schule, über die Hausaufgaben, die noch zu erledigen waren, tauschten kichernd ihre Jungmädchengeheimnisse aus und spielten nebenbei mit Nora, die immer noch an der kurzen Leine geführt wurde.
Am Ende der Wiese tauchte ein Radfahrer auf, der ihnen entgegenkam und an einer langen Flexileine einen mittelgroßen Mischlingshund führte. Beim Näherkommen zog dieser Hund schon verdächtig stark in Richtung Nora, fing an zu bellen und zeigte seine Lefzen. Als sich die beiden angeleinten Hunde direkt begegneten, stürzte sich der Mischling auf Nora. Schnell begann eine Rangelei, die auch sofort in eine, von bösem Knurren begleitete Beißerei mündete.
Der Radfahrer, in etwa im Alter von Lisas Opa, warf sein Rad zu Boden und sprang zu den ineinander verbissenen Hunden. Auf sein Schreien hin ließen die Hunde sofort voneinander ab. Trotzdem holte er ein Stilett aus seiner Tasche und rammte das spitze Messer mehrmals in den Körper der aufjaulenden Nora. Daraufhin steckte der Mann das noch blutige Messer ein, holte seinen Hund, jetzt an kurzer Leine, setzte sich wieder auf sein Rad und fuhr mit seinem Hund davon, ohne sich um die kreischenden, weinenden Mädchen und die verblutende Nora zu kümmern!

Diesen Vorfall habe ich x-mal erzählt und mit Freunden besprochen und diskutiert. Und obwohl das Geschehen schon mehrere Jahre zurückliegt, läuft es mir immer noch eiskalt den Rücken runter, wenn ich daran denke oder jetzt darüber schreibe.
Und wenn man dann denkt, schlimmer geht es nicht mehr, dann lehrt die nachstehende Tragödie, die auch in

etwa zur gleichen Zeit geschah, uns eines Besseren: Doch es geht noch schlimmer!

Unser damaliger zweiter Vorsitzender im Frankfurter Hundeklub lebte mit seiner Frau, zwei erwachsenen Kindern und einem bildschönen Boxer-Rüden in Oberursel, einem kleinen Städtchen ca. 30 Kilometer nordwestlich von Frankfurt. Das Ehepaar Groß war mit der Familie Winter befreundet, die ein paar Ecken weiter wohnte und auch einen Boxer hatte.

Schräg gegenüber der Winters lebte alleine und zurückgezogen, ein frühpensionierter ehemaliger Lehrer, namens Bühler. Dieser war ein ausgesprochener Hundehasser und hatte sich schon oft mit mehreren Hundebesitzern angelegt und laut gestritten. Bei der Polizei war er kein Unbekannter.
Immer waren natürlich die Hunde der Anlass zur Auseinandersetzung; einmal bellten sie zu laut, oder machten ihre Geschäfte irgendwohin, ohne dass die Besitzer diese entsorgten, oder sie hetzten seine Katze, usw. Durch die vielen Anzeigen, die er machte, war er auch im Ordnungsamt der Kleinstadt gut bekannt.

Die Ehepaare Groß und Winter hatten sich durch ihre Hunde kennengelernt und angefreundet. An Wochenenden machten sie gemeinsam Ausflüge und es hatte sich eingespielt, dass die beiden Frauen, meistens vormittags, mit ihren Hunden Gassi gingen, oder wechselweise, eine der Frauen beide Hunde ausführte.

An diesem Tag war verabredet, dass Frau Groß mit ihrem Hund den der Winters abholen sollte. Als Frau Groß zum Hause der Winters kam und an der Tür schellte, öffnete Frau Winter: „Guten Morgen Frau Groß, schade, dass sie heute umsonst gekommen sind. Mein Mann hat sich einen Tag Urlaub genommen und ist schon vor fast zwei Stunden mit dem Hund weggegangen. Er müsste jeden Moment wieder zurückkommen."

Die Frauen unterhielten sich an der Haustüre noch ein paar Minuten als plötzlich ein Polizeiauto vorfuhr. Zwei Polizisten in Uniform stiegen aus dem Auto, öffneten die Heckklappe, holten aus einer im Kofferraum befindlichen Box einen Hund heraus und gingen auf die zwei Frauen zu. „Sind sie Frau Winter? Gehört Ihnen dieser Hund? Dürfen wir ins Haus kommen und mit Ihnen sprechen?"

Frau Groß blieb an der Haustür stehen und hörte Stimmen aus dem Haus. Plötzlich hörte sie Frau Winter laut aufschreien, ein Polizist stürzte heraus und rief über Funk einen Notarzt und einen Krankenwagen, die auch schnell kamen und Frau Winter nach Bad Homburg ins nächstgelegene Krankenhaus brachten. Frau Groß nahm beide Hunde und ging wieder zurück ins Haus.
Was war geschehen? Herr Winter musste einige Behördengänge erledigen, hatte frühmorgens im Büro angerufen und sich einen Tag Urlaub genommen. Vor seinem Besuch im Rathaus wollte er noch eine Runde joggen. Er holte seinen Hund und rief seiner Frau zu: „Ich geh' noch eine Stunde laufen, bin zum Frühstück wieder zurück" und verließ das Haus und begann mit dem Hund an seiner Seite zu laufen.

Sie kamen nicht weit. Bevor die Straße in einen Feldweg mündete, den Herr Winter beim Joggen immer entlanglief, stellte sich ihnen plötzlich Herr Bühler in den Weg.

Die späteren polizeilichen Ermittlungen hatten ergeben, dass sich die beiden Männer ein lautstarkes Wortgefecht lieferten, in dessen Verlauf Bühler eine Pistole zog und Winter mit mehreren Schüssen in den Kopf regelrecht hinrichtete. Danach flüchtete Bühler in unbekannte Richtung. Andere Fußgänger hatten den Vorgang beobachtet, Polizei und Notarzt gerufen, die jedoch nur noch den Tod von Winter feststellen konnten.
Bühler wurde noch am gleichen Tag verhaftet. Er hatte sich im Haus seiner geschiedenen Frau im Nachbarort versteckt.

Neun Monate später, einige Wochen vor seinem Prozess, wurde er in seiner Zelle in der Justizvollzugsanstalt Weiterstadt, von einem Justizvollzugsbeamten erhängt aufgefunden.
Heute, einige Jahre nach dem ‚Hamburger Fall' mit dem die Kampfhunde-Hysterie unsere Gesellschaft in zwei Lager, nämlich pro und wider den Hund, gespalten hatte, ist der tiefe Graben zwischen den Lagern noch nicht zugeschüttet, aber nicht mehr so tief wie ursprünglich.

Was haben aber die ganzen Maßnahmen gebracht, die bundesweit folgten?

Nun, viele neue Gesetze, Vorschriften, Verordnungen wurden in den 16 Bundesländern erlassen. Der Import, die Zucht, der Vertrieb und die Haltung bestimmter Rassen wurde verboten. Manche ‚gelistete' Rassen waren die beste Gelegenheit für einige Städte und Gemeinden, die Steuer für diese Hunde drastisch zu erhöhen. Vor allem brachten sie viel Verwaltungsarbeit für die Ordnungsämter.

Die Zahl der schwerwiegenden Vorfälle mit Todesfolge und schweren Verletzungen als Folge von Attacken von Hunden sind in etwa gleichgeblieben.

Durchschnittlich sind pro Jahr vier Todesfälle in Deutschland zu beklagen; natürlich vier zu viel! Wo die Ursachen lagen, wer Schuld oder Mitschuld zu verantworten hatte, sagt die Statistik nicht.Ebenso nichts über die Rasse der verursachenden Hunde; gelistete Hunde sind jedoch in der Minderzahl.

Nachfragen bei Ordnungsämtern mehrerer Bundesländer ergaben keine Veränderungen in der Anzahl von Verletzungen von Menschen durch Hunde. Drastisch gestiegen sind jedoch die Anzeigen wegen Belästigungen durch freilaufende Hunde, oder laut oder langanhaltendes Bellen von Hunden.

Dies war die eine Seite der Medaille, die schmutzige, die schwarze, über die monatelang und drastisch berichtet wurde.

Keinen Bericht konnte ich über die andere Seite der Medaille lesen, der wahren, der goldenen Seite.
Seit vielen Jahrhunderten ist der Hund der Begleiter, der Freund des Menschen.
Über den vielfältigen und erfolgreichen Einsatz von Hunden in unserer Gesellschaft wird kaum berichtet. Über seinen Einsatz zum Schutz und Bewachung von Gebäuden und Menschen nicht, ebenso nicht als Hütehund, als Polizeihund, als Spürhund von Waffen, Drogen und Schmuggelwaren. Mit seiner Spürnase hat er unzählige Menschen im Katastrophenfall, bei Lawinenunglücken und bei der Suche nach Vermissten das Leben

gerettet. Im sozialen Bereich wird er eingesetzt, als Blindenhund oder für die Therapie von kranken oder alten Menschen.

Auch nur als Familienmitglied, ohne besondere Aufgabe, hat er erheblich zur Lebensfreude seiner Besitzer, seiner Familie beigetragen, und damit einen wesentlichen Anteil zur Volksgesundheit geleistet. Für viele alte und kranke Menschen ist oft ein kleines Hündchen der einzige Ansprechpartner und der letzte Halt am Leben. Schon Carl Zuckmayer sagte: „Ein Leben ohne Hund ist ein Irrtum!“

Nicht vergessen sollte man den wirtschaftlichen Aspekt. Rund um den Hund ist in Deutschland in den letzten Jahrzehnten eine regelrechte Industrie entstanden.
In Deutschland gibt es geschätzt sieben Millionen Hunde. Die Hundebesitzer lassen sich ihre Lieblinge ca. sieben Milliarden Euro im Jahr kosten, für Tiernahrung, Zubehör, Versicherung, Tierarzt und Medikamente. Zusätzlich zahlen sie ca. 700 Millionen Euro Hundesteuer in die Kassen von Städten und Gemeinden. In dieser Industrie und bei Zulieferern sind ca. 80 – 100.000 Menschen beschäftigt. Die Kommunen stopfen manches Mal sehr gerne Haushaltslöcher mit den Einnahmen aus der Hundesteuer; Hundetoiletten sind noch eine Seltenheit. Verstöße gegen die zahlreichen Verordnungen werden gnadenlos mit Bußgeldern geahndet.
Natürlich ist der Hund ein Tier und wir wollen ihn nicht vermenschlichen.Aber er gehört zu uns, er ist Bestandteil unserer Gesellschaft, ohne ihn wären wir ärmer und die Gesellschaft noch kälter!
Toleranz und gegenseitige Rücksichtnahme wären wohl

ein gutes Rezept im Umgang miteinander.
Man kann deshalb nicht nur eine Seite einer Medaille betrachten. Um objektiv urteilen zu können, muss man auch die andere gesehen haben.

Ich bin kein Hellseher. Aber sollte man in der Diskussion ‚Für oder wider den Hund' die beiden Seiten der Medaille auf eine Waage legen, bestünde kein Zweifel, welche Schale sich nach unten neigen würde.
Auch sollte die Verhältnismäßigkeit beachtet und Vorfälle objektiv betrachtet werden. So ist z.B. das Risiko in Deutschland an einem Insektenstich zu sterben 10-15-mal größer, als an einer Hundeattacke. Tödliche Reitunfälle sind 10-mal so hoch, und die Wahrscheinlichkeit von einem Blitzschlag getötet zu werden, ist 5-mal höher.
Dass jedes Jahr in Deutschland, einem der reichsten Länder, einem modernen Land mit höchster Kultur, einem Land mit hohen sittlichen, moralischen und religiösen Grundsätzen, ca. 200 Kinder und ca. 550 Frauen durch häusliche Gewalt zu Tode kommen, wird von der Gesellschaft ohne Aufschrei hingenommen. Über einzelne Fälle wird zwar berichtet, vor allem über die Gerichtsverfahren, sofern sie medienwirksam sind, aber das eigentliche Problem wird totgeschwiegen. Sind wir schon so abgestumpft, dass wir diese, fast täglichen Tragödien in unserer Nachbarschaft, nicht mehr sehen oder sehen wollen?
Krankenkassen haben ermittelt, langjährige Hundebesitzer ersparen dem Staat jährlich 2 Milliarden Euro Gesundheitskosten und Hundebesitzer werden durchschnittlich zwei Jahre älter als der Durchschnitt der Bevölkerung!

Eau de Parfum

Aber jetzt wieder zu einigen lustigen Begebenheiten.

Wir wohnen in einem kleinen Ortsteil unseres Städtchens. Zwischen uns und dem Nachbarort liegt eine Senke, ca. 1000 x 1000 Meter groß, die von drei Stadtteilen und dem Bahnkörper der Taunus-Bahn begrenzt wird. Da gibt es Wiesen und Äcker, auf denen Mais, Getreide und Kartoffeln angepflanzt werden. Die Wiesen und Äcker werden von mehreren befestigten und unbefestigten Wegen durchzogen. Für den Kraftfahrzeugverkehr ist dieses Gebiet gesperrt. Ein ideales Gelände, um mit seinem Hund Gassi gehen und ihn auch frei laufen lassen zu können. Dies wird natürlich von vielen Hundebesitzern genutzt.
Wenn ich aus unserer Haustüre gehe, bin ich schon nach 50 Meter in diesem Gebiet. Einige Jogger, einzelne Radfahrer, Fußgänger und Hundeführer tolerieren und respektieren sich bei Begegnungen; in den Jahren, in denen ich auch mit meinen Hunden dort gelaufen bin, hat es nie einen nennenswerten Zwischenfall gegeben.

Es war von der Jahreszeit beginnendes Frühjahr, die Uhr war gerade auf Sommerzeit umgestellt, und wenn ich mit Bruni um 7.00 Uhr meinen Morgenspaziergang begann, war es noch ziemlich dunkel.
An diesem Tag kam noch Nebel hinzu; man sah gerade mal 10 Meter weit. Dies war nicht weiter schlimm, ich kannte die Wege genau und fand mich auch im Dunkeln zurecht. Bruni konnte ich auch freilaufen lassen und selbst wenn sie im Nebel verschwand, wusste ich doch, dass sie sich nicht allzu weit entfernen und auf

Rufzeichen schnell wieder erscheinen würde.
Ich dachte mir auch nicht viel dabei, als sie dieses Mal länger als sonst verschwunden blieb. Dann nach mehrmaligem Pfeifen tauchte sie aus dem Nebel auf. Mir fiel sofort ihr verändertes Aussehen auf. Das sonst goldgestromte Fell war noch dunkler und der schlanke, jugendliche Körper war noch schmaler als sonst. Dann, beim näher Herankommen, als sie vor mir stand, sah ich, besser gesagt, roch ich die Bescherung. Der Bauer hatte am Vorabend die Wiesen gedüngt. Bruni hatte dies schnell erkannt und für sie war der Gestank der Jauche wie ‚Eau de Parfüm für Hunde'. Sie hatte sich mehrmals, wahrscheinlich mit dem größten Vergnügen, darin gewälzt.

Können Sie sich meine Panik vorstellen? Vor mir ein stinkendes Etwas, dem die Jauche aus dem Fell tropfte, ich stand davor und wusste nicht was ich machen sollte. Krampfhaft suchte ich in meinen Taschen nach etwas zum Abputzen. Aber außer einem Päckchen Papiertaschentücher fand ich nichts. Voller Ekel und kurz vor dem Übergeben, wischte ich mit diesem bisschen Papier

Bruni über ihren Rücken. Die Jauche floss aus dem Fell und zwischen meinen Fingern zu Boden, aber auch auf meine Schuhe. Vor Zorn und Ekel waren mir Tränen in die Augen gestiegen; ich konnte fast nichts mehr sehen. Wie ich nach Hause gekommen bin, weiß ich nicht mehr.

Meine Frau war da schon praktischer als ich. Bruni wurde unter die Dusche gesteckt, mehrmals mit Hundeshampoo abgeschruppt, abgespült, wieder eingeseift und wieder abgespült. Einmal war kein Mal! Unser Haus stank bestialisch. Die nächsten Tage kam Bruni noch mehrmals unter die Dusche, im Haus zog es fürchterlich, alle Fenster waren geöffnet.Dass auch ich öfters duschte als normal, kann sich der Leser sicher vorstellen.

Dann, ungefähr nach einer Woche, hatte sich der Gestank endlich aus meiner Nase verflüchtigt.

Rex, der Einbrecher

Bruni hatte natürlich viele Hundefreunde, mehr Rüden als Hündinnen; mit diesen vertrug sie sich auf Distanz, aber einen Streit mit ihnen ging sie auch nicht aus dem Weg.
Favoriten gab es einige. So den Jacko aus unserem Hundeklub. Ein wunderschöner, großer, sportlich erfolgreicher Boxer. Oder Rex, den Altdeutschen Schäferhund aus der Nachbarschaft, der schon etwas älter und nicht mehr so schnell war wie früher, aber doch noch genau wusste, wo es lang ging.

Favorit unter den Favoriten war jedoch Django, der schönste weiße Schäferhund, den ich je gesehen hatte;

gefürchtet von fast allen Hundebesitzern. Jeder versuchte ihm aus dem Weg zu gehen und kam es trotzdem zu einer ungewollten Begegnung mit einem anderen Hund, war eine Beißerei fast unvermeidlich. Nur Bruni liebte er und umgekehrt.
Und da war noch Willi Mops, ein winziger, etwa einjähriger Mops. Natürlich war der nicht der passende Partner für die Liebe, aber herrlich zum Spielen.

Wie schon gesagt, war Rex, der Altdeutsche Schäferhund von gegenüber, einer der erklärten Lieblinge von Bruni und auch umgekehrt. Rex sprang ab und zu über seinen Gartenzaun, und wenn bei uns zufällig das Gartentor offenstand, entwischte Bruni und gesellte sich zu Rex. Jetzt liefen die Zwei zur Hochform auf und rasten gemeinsam die Straße, in der wir wohnten, auf und ab. Es war keine Durchgangsstraße und nur selten fuhren Autos von Anliegern. Es war ein toller Spaß den beiden zuzusehen. Ab und zu standen auch Nachbarn am Zaun ihres Gartens und schauten fröhlich den tobenden Hunden zu. Meistens stürmte Bruni voraus und Rex hinterher. Am Ende der Straße schlug Bruni einen Haken und raste die Straße wieder zurück. Rex war etwas träger und hatte einen längeren Bremsweg und es dauerte einen Augenblick bis er wieder gedreht hatte und Bruni wieder nachjagen konnte. So hatte Bruni meistens einen kleinen Vorsprung, bis beide erschöpft aufgaben und wieder auf ihre Grundstücke zurückkehrten.

Dann, eines Tages war Bruni läufig; es war ihre dritte oder vierte Hitze und für uns und den Hund nichts Ungewöhnliches. Sie hatte ein Höschen mit Einlage verpasst bekommen und trug dieses auch tapfer, allerdings mit einer leidenden Miene.

Meine Frau und ich waren einige Stunden außer Haus, hatten Bruni alleine zurückgelassen, was absolut kein Problem darstellte. Wir hatten die Glastüre zum Garten gekippt, damit der Hund auch ausreichend mit frischer Luft versorgt wurde. Als wir gegen Abend in der Dämmerung zurückkehrten, wurden wir wie immer freudig begrüßt, und beim ersten routinemäßigen Rundgang durch das Haus, konnte ich nichts Auffälliges feststellen. Beruhigt schloss ich auch wieder die gekippte Glastüre zum Garten und belohnte meinen Hund mit einem Leckerli.

Später ging ich nochmals in den Garten und goss einige frisch gesetzte Pflanzen. Als ich ins Haus zurückging und die Glastüre von außen öffnete, entdeckte ich am Holzrahmen drei, vier tiefe Rillen, die ganz frisch waren und am Vormittag noch nicht da waren. Die Rillen sahen aus, als wenn Jemand versucht hätte, die Tür mit einem Schraubenzieher aufzuhebeln. Ich rief meine Frau und wir betrachteten mit Sorge die Spuren und vermuteten einen Einbruchsversuch.
In letzter Zeit waren einige Einbrüche in unserer Straße vorgekommen, sodass unser Verdacht gar nicht so unbegründet war. Obwohl es schon spät war, entschlossen wir uns, die Polizei anzurufen.

Als der wachhabende Polizist hörte, dass es nur zu einem Einbruchsversuch gekommen war, meinte er, es sei ausreichend, wenn am nächsten Morgen Beamte kommen und evtl. vorhandene Spuren sichern würden.

Schon sehr früh am nächsten Tag kamen zwei Polizisten in einem Streifenwagen; oh wie peinlich wegen unserer Nachbarn. Sie besahen sich die Schäden an der Tür.

Dabei kippten sie auch diese, fotografierten die beschädigte Stelle und streuten ein Pulver darauf.Dann sicherten sie evtl. vorhandene Fingerabdrücke und nahmen auch von mir und meiner Frau die Abdrücke zu Kontrollzwecken ab. Unsere Fingerspitzen wurden dafür auf ein Stempelkissen gedrückt und mit einer schwer zu entfernenden Tintenfarbe verschmutzt. Dann kam der Abdruck unserer Finger auf ein Formblatt, mit unseren persönlichen Daten versehen. Anschließend ließen sie uns ein Protokoll und eine Anzeige gegen Unbekannt, wegen eines Einbruchversuchs unterschreiben. Dabei meinten sie noch: „So seltsame Einbruchsspuren haben wir noch nie gesehen."
Weiter empfahlen sie uns besonders aufzupassen und uns wieder zu melden, sollten wir etwas Außergewöhnliches feststellen.

Die Beamten waren gerade weggefahren, als ich doch, wegen deren Bemerkung über die seltsamen Einbruchsspuren, misstrauisch wurde. Ich besah mir jetzt die Glastüre näher, die immer noch gekippt und in der Stellung war, in der die Untersuchungen gemacht und die Fingerabdrücke abgenommen worden waren. Jetzt sah ich auch, dass die vermeintlich von einem Schraubenzieher stammenden Kratzer nicht gerade verliefen, sondern in einem Bogen oder Haken endeten. Bei geschlossener Tür konnte man nur den geraden Verlauf der Kratzer erkennen, und erst im gekippten Zustand, dass diese in einem Bogen endeten.
Jetzt schoss mir mein Blut in den Kopf und mir wurde plötzlich furchtbar heiß. Mein Puls schoss wie bei einer sportlichen Höchstleistung hoch. Ich beugte mich nach unten und besah mir hier die Türe. Diesen Teil hatten bisher weder die Kripobeamten, noch wir näher ange-

sehen. Und richtig! In einer Höhe von ca. 50 Zentimetern war das Glas der Türe innen und außen total verschmiert und verdreckt, und auch der Holzrahmen war unten stark zerkratzt! Als zufällig Bruni mit ihrem Höschen an mir vorbeilief, wurde mir plötzlich klar, was wirklich geschehen war.
Rex hatte Brunis Hitze mit seiner empfindlichen Nase gerochen, war von zu Hause ausgebüchst, über seinen und unseren Zaun gesprungen und zu seiner Auserkorenen gestürzt, wo er auch schon von Bruni erwartet wurde. Zum Glück für uns, und zum Pech für die Hunde, trennte die Glastüre die beiden.

So schmusten sie, Schnauze an Schnauze, nur durch das Glas getrennt und verschmierten dabei die Scheibe. Vor Liebe blind, hatte Rex dabei versucht, mit seinen scharfen Krallen die gekippte Türe zu öffnen, um so zu Bruni zu gelangen und hatte dabei die ‚Einbruchspuren' hinterlassen. Wie sie dann wieder voneinander gelassen haben, weiß ich nicht. Vielleicht waren sie einfach zu erschöpft vom vergeblichen Liebeswerben, oder das Herrchen von Rex hatte ihn zurückgeholt.
Aus Scham haben wir die Polizei nicht aufgeklärt.
Ca. sechs Wochen später, ich hatte die Geschichte schon fast vergessen, erhielten wir Post von der Staatsanwaltschaft: „Das Verfahren gegen Unbekannt wegen eines Einbruchversuchs wird eingestellt."

Django und der Tennisball

Django, den weißen Schäferhund, hatte ich schon vorgestellt. Ebenso, dass er ein ziemlicher Rabauke, aber auch der erklärte Liebling meiner Bruni war. Auch er mochte sie sehr; kein anderer Hund konnte mit ihm machen, was sie konnte. Dies kam wohl daher, dass beide in etwa gleich alt und zusammen aufgewachsen waren. Den beiden konnte man stundenlang beim Spielen zuschauen. Sie jagten sich gegenseitig, rangelten zusammen und knurrten dabei fürchterlich, sodass einem unbeteiligten Zuschauer schon angst und bange werden konnte.

Das Ende jeder Vorstellung war, dass Django, der doppelt so groß und entsprechend schwerer als Bruni war, sich ergebend auf den Rücken legte, und sie sich triumphierend über ihn stellte.Sie war der einzige Hund, der sich das erlauben konnte. Obwohl die beiden oft spielerisch rauften, kämpften, sich anknurrten und anbellten, es floss nie ein Tropfen Blut! Auch wenn sie sich gegenseitig ein Spielzeug wegnahmen, blieb dies ohne Folgen; wenn dies ein anderer Hund gewagt hätte, eine ernsthafte Beißerei wäre nicht zu vermeiden gewesen.

Karin, das Frauchen von Django, und ich mit Bruni trafen uns fast täglich zu einem gemeinsamen Spaziergang. Wir konnten uns über alles Mögliche unterhalten, fachsimpeln, während unsere Hunde über Wiesen und Äcker tobten. Dabei konnten wir die Zwei beruhigt freilaufen lassen, sie hörten ganz gut.Sie hatten schon die Begleithundprüfung und Bruni sogar die Vielseitigkeitsprüfung für Gebrauchshunde Stufe 1 geschafft; meistens kamen sie auch auf Rufzeichen schnell wieder zurück.

Django wollte immer spielen und forderte Bruni oder auch sein Frauchen durch lautes Bellen dazu auf. Um dieses lästige, andauernde und laute Bellen zu unterbinden, erhielt er einen kleinen Ball, den er dann meistens voller Stolz trug. Er bellte dann zwar nicht mehr, knurrte aber fürchterlich, wenn Bruni versuchte, den Ball zu erobern. Wenn sie es geschafft hatte und jetzt ihrerseits voller Stolz ihre Beute trug, ging die Bellerei wieder los, Django wollte ein neues Spielzeug.

Um einen möglichen Konflikt zu vermeiden, bekam Bruni schließlich auch einen Ball; der Frieden war wieder hergestellt, und die Bellerei hatte ein Ende.

Während Django seinen Ball während des ganzen Spazierwegs in seinem Fang trug, legte Bruni ihren ab und zu ab, schnupperte dann mal da, mal dort, suchte und fand ihr Spielzeug wieder, und weiter gings. Manches Mal kam Bruni auch ohne Ball wieder. Dann forderte ich sie auf: „Such dein Bällchen, such!“ Dann lief sie

wieder weg, suchte so lange, bis ihre Mühe erfolgreich war und kam dann mit stolz erhobenem Kopf zurück.
Ich kann mich nicht erinnern, dass sie je einmal einen Ball verloren hätte.
Dann, eines Tages, kam Bruni wieder einmal ohne Ball von einem ihrer Ausflüge zurück. Auf mein ‚such dein Bällchen', sah sie mich mit ihren großen, dunklen Knopfaugen an, reagierte aber überhaupt nicht, sondern blieb bei uns. Auch nach meiner zweiten und dritten Aufforderung reagierte sie nicht, sondern lief mit Django neben uns her. Jetzt wurde ich aber zornig: „Such deinen Ball, du blöder Hund!"

Auch diese Beleidigung brachte nicht den von mir erhofften Erfolg, Bruni sah mich nur an, reagierte aber nicht. „Gut, wenn du deinen Ball nicht suchst, hast du Pech gehabt, von mir bekommst du keinen neuen!"
Kaum waren wir zu Hause angekommen, ging das Telefon, Karin war dran.
„Wir haben Brunis Ball gefunden! Django hat zwei Bälle hintereinander in seinem Maul getragen."

Jetzt erklärte sich auch das Verhalten von Bruni. Beim Spielen hatte Django ihr den Ball weggenommen und mit zu seinem Ball in den mächtigen Fang genommen. Django trug die beiden Bälle hintereinander, aber nur einer war sichtbar. Bruni wusste dies und gestattete Django auch einmal, ihren Ball zu tragen.Sie schaute nur etwas irritiert, als ich sie aufforderte das Bällchen zu suchen; sie wusste doch wo er war.
Im Stillen bat ich sie um Verzeihung und nahm den ‚blöden Hund' zurück.

Das Frikadellchen

Und da war noch Willi Mops; ich hatte ihn schon vorgestellt. Wir trafen Willi nicht so oft, da sein Frauchen zu anderen Tageszeiten Gassi ging als ich. Aber die paar Mal waren schon ein Hochgenuss zum Zuschauen.

Meine anfänglichen Bedenken wegen des Größen- und Gewichtsunterschieds, Bruni war inzwischen eine ausgewachsene Boxerhündin mit 27-28 Kilo und Willi war dagegen ein Fliegengewicht, waren schnell zerstreut. Bruni verhielt sich sehr liebevoll, setzte ihr Gewicht beim Spielen nie ein, und das Frauchen von Willi war auch nicht besonders empfindlich.

Lustig war es, den beiden zuzusehen, da Willi trotz seiner vielfachen körperlichen Unterlegenheit kräftig mitmischte und Bruni ab und zu ins Ohr oder woanders hin biss. Bruni forderte ihn auch immer heraus; sie duckte sich dabei mit ihrem Vorderteil und stieß Willi mit der Schnauze an. Wenn Willi aber zu frech wurde, dann drückte sie ihn zu Boden und begann ihn hin- und herzurollen. Das sah besonders lustig aus. Vor allem wenn der Boden entsprechend matschig war. Anschließend wurde Willi dann nochmals auf dem Sandweg gerollt, sodass er, der sonst ein hellbeiges Fell hatte, jetzt wie eine dunkle, panierte, dicke Wurst aussah.

Als eines Tages zufällig eine Spaziergängerin vorbeikam und Bruni gerade wieder Willi im Dreck rollte, sagte die Frau mit rheinländischen Dialekt zu Willi: „Nanu, bist du eigentlich ein Hündchen oder ein Frikadellchen?“

Der Box-Weltmeister

Zwei lustige Episoden aus dem Leben in unserem Boxer-Klub fallen mir gerade ein.
Im Hundesport gibt es ähnlich wie in anderen Sportarten, Kreis-, Bezirks-, Landes-, Deutsche Meisterschaften und natürlich auch Weltmeisterschaften.

Eines Tages, es war meine Zeit als 1. Vorsitzender, erhielt ich einen Anruf, die Stimme hatte einen osteuropäischen Klang: „Sind Sie der Boxer-Klub in Frankfurt? Sind Sie an einem Weltmeister interessiert?“
Wir beschäftigten uns gerade im Klub mit weiterführenden Prüfungen und schauten auch mit einem Auge auf die Hessische und Deutsche Meisterschaft. Die Aussicht einen Weltmeister im Hundesport in unseren Klub zu bekommen, elektrisierte mich geradezu!
„Ja, selbstverständlich“, stotterte ich.
Nach Austausch weiterer Informationen verabredeten wir uns für den nächsten Sonntag auf unserem Übungsgelände; Sonntagvormittag war üblicherweise Übungsbetrieb bei uns.
Unser Klubgelände liegt mitten im Stadtwald und ist mit dem Auto über einen, nur für Anlieger freien, unbefestigten und mit Schlaglöchern übersäten Waldweg zu erreichen.
Am Sonntag wartete ich ziemlich nervös auf den Weltmeister, bzw. auf seinen Besitzer.
Nach langem Warten, ich hatte die Hoffnung auf einen Weltmeister schon fast aufgegeben, kam eine dunkle, langgestreckte Limousine langsam den holprigen Waldweg entlang, bog in unser Gelände ein und hielt mitten auf dem Parkplatz.

Sie können sich sicherlich vorstellen, dass wir Hundesportler, selbst an einem Sonntag, nicht gerade elegant gekleidet waren. Wir hatten schon frühmorgens Fährten gelegt und diese mit unseren Hunden abgesucht.

Anschließend hatten wir die korrekte Unterordnung geübt, und waren einige Male von unseren Hunden angesprungen worden, die ihre Spuren auf unserer Kleidung hinterlassen hatten. Natürlich waren wir auch ziemlich verschwitzt an diesem heißen Sommersonntag.
Die T-Shirts klebten an unseren Körpern und die Frisuren sahen auch nicht so aus, als wenn wir gerade vom

Friseur gekommen wären. Wir waren wahrlich keine Augenweide und sicher nicht zum Repräsentieren geeignet! Dazu unsere verstaubten Autos, meistens Kombis mit geöffneter Heckklappe, in der sich Hundetransportboxen befanden. In einigen saßen auch Hunde, die das fremde Auto anbellten oder neugierig beäugten.

Die langgestreckte, dunkle, saubere, elegante Limousine wirkte alleine schon wie ein Fremdkörper auf diesem Waldparkplatz, mitten unter kleineren, verstaubten Autos und von neugierigen, verschmutzten und verschwitzten Hundeleuten umringt; dazu erklang ein vielstimmiges Hundegebell.

Dann die kuriose Situation: Die vier Türen der Limousine öffneten sich, mir fielen vor Schreck fast die Augen aus dem Kopf, und es stiegen vier Männer aus, in dunklen Anzügen und sauberen weißen Hemden mit dezent gemusterten Krawatten. Der Fahrer war ein Meter sechzig groß in drei Richtungen. Zwei der Männer waren mindestens ein Meter neunzig groß, richtige Modellathleten. Der Vierte war das Gegenteil: Schmal, klein, gerade eine ‚halbe Portion'.

Noch vor Schreck wischte ich verstohlen meine schweißnasse Hand an meinem nicht gerade sauberen T-Shirt ab, schüttelte dem Dicken die Hand und stotterte einige Worte der Begrüßung.
Schnell war der Irrtum aufgeklärt: Die ‚halbe Portion' war der Box-Fliegengewichts-Weltmeister aus der Ukraine, der Dicke sein Manager, einer der Modellathleten war sein Trainer, der andere ein Bodyguard.

Ich verwies die Vier an den Box-Klub in Frankfurt, die Faustkämpfer, und verabschiedete mich schnellstens. Als die dunkle Limousine wieder im Wald verschwunden war, brach ein lautes Gelächter unter den Hundesportlern aus, und diese Geschichte war Gesprächsstoff für die nächsten Übungstage!

Über die weitere sportliche Karriere des Box-Weltmeisters bin ich nicht informiert.

Fährtenlegen ist sehr schwer

Noch eine andere lustige Begebenheit aus dem Übungsbetrieb in unserem Klub: Immer wieder wird die Frage gestellt: „Wer sind die besseren Hundeführer und Hundesportler, Frauen oder Männer?"

Nun, für Hundesport-Prüfungen ist die Frage eindeutig zu beantworten. Bei fast allen Prüfungen, an denen ich und auch Sportlerinnen teilgenommen haben, waren die Frauen die besseren Hundesportlerinnen, haben zumindest besser abgeschnitten.

Die frustrierten Männer unter den Hundesportlern werden sich jetzt fragen: „Warum die Frauen, warum sind ausgerechnet die Frauen die besseren Hundesportlerinnen?"

Nun, auch diese Frage lässt sich leicht beantworten: „Ja natürlich, die meisten Leistungsrichter sind ja auch Männer!"

Spaß beiseite! Beim Übungsbetrieb lässt sich die Frage nicht so leicht beantworten.

Besonders nicht beim Fährtenlegen und Fährtensuchen und erst recht nicht, wenn die …

… Fährte im Wald gelegt werden soll. Hier haben doch einige weibliche Kolleginnen, nicht immer, aber ziemlich häufig, ein erhebliches Orientierungsdefizit. Das beginnt schon in den ersten Übungsstunden.

Wenn ich mit einer Anfängerin im Wald stehe und sie auffordere: „Hier ist Dein Abgang, und lege jetzt eine zwanzig Meter lange Gerade." Wenn ich dann die sogenannte Gerade sehe, pflege ich zu sagen, „wenn Deine Wirbelsäule so aussehen würde wie Deine Gerade, könntest du sofort mit dem Hundesport aufhören!"

Dann, nach einigen Wochen, zahlreichen Versuchen

und vielen Fehlversuchen, soll die Gerade immer länger werden. Dann stelle ich mich meistens neben die halbwegs Fortgeschrittene, lege meinen ausgestreckten Arm mit dem ausgestreckten Zeigefinger an ihre Wange und frage: „Siehst Du den Baum da vorne?“
Aber schon das zögerliche „Ja“ lässt mich nichts Gutes erwarten. „Dann geh’ genau auf den Baum zu, leg’ Deine Fährte und orientiere Dich immer an dem Baum.“
Sie ahnen schon was jetzt kommt. Richtig! Schon nach wenigen Metern schwenkt die Gerade nach rechts oder links, und das Ziel ist dann ein Baum, mindestens zehn Meter von dem entfernt, den ich gezeigt hatte.

Nun hatten wir vor einigen Jahren eine Hundeführerin, die dieses Defizit auch hatte. Sie wusste von ihrem Manko, hatte es selbst auch erkannt und wollte es jetzt überlisten. Also markierte sie den Zielbaum und alle Bäume, vor denen sie einen Winkel gelegt hatte, mit einem roten Papieraufkleber. Mit dieser Orientierungshilfe klappte das Fährtensuchen ganz gut; zumindest war eine Schwierigkeit beseitigt.
Einige Wochen später traf ich zufällig unseren Revierförster, der von unseren Übungseinheiten im Wald wusste und mich fragte: „Wie legen Sie eigentlich Ihre Fährten?“
„Ja ganz einfach. Zu Beginn der Fährte stecken wir ein Abgangsschild in den Boden, treten dann die Fährte, legen ab und zu einen Gegenstand auf dem Boden ab, den der Hund später verweisen soll und suchen später mit dem Hund die Fährte ab,“ antwortete ich, „aber warum fragen Sie?“

„Ja, gestern kamen meine Waldarbeiter, die ich zum Baumfällen in den Wald geschickt hatte, unverrichteter

Dinge wieder zurück und fragten mich: „Chef, welche Bäume sollen wir fällen, die mit den roten oder mit den gelben Punkten?“

Meine erste Schutzhundprüfung

Können Sie sich noch an Ihre erste Schutzhundprüfung erinnern? Ja, dann können Sie sicherlich mitfühlen, welche Ängste, Nöte, depressive Stimmungen, viele Tiefs, wenige Hochs meine Leidensgenossinnen Ruth, Martina und ich erlebt haben. Im Mai 1999 hatten wir unsere erste Schutzhundprüfung.

Anfang des Jahres, nach der Winterpause, lag der Prüfungstermin noch weit entfernt und wir setzten unsere Übungen relativ gelassen fort. Unsere Hunde waren ja schon ganz gut. Sie hatten die Begleithundprüfung anstandslos geschafft und die wenigen kleinen, noch vorhandenen Fehler würden wir ihnen schon noch abgewöhnen.

Langsam rückte der Prüfungstermin näher und ich wurde immer nervöser. Mit meiner Nervosität steckte ich meinen Hund an, meine Frau und das Umfeld bekamen meine Stimmung mit. Die Übungen wurden immer schlechter, selbst die ‚sattelfesten' klappten nicht mehr, und die etwas schwierigeren verweigerte mein Hund sogar mehrmals.Es half nichts: weder mit Spielen noch mit Strenge, weder mit Streicheln noch mit Schimpfwörtern. Lediglich die angebotenen Leckerlis nahm mein Hund freudig entgegen, der erwartete Dank blieb jedoch aus.

Ruth, Martina und ich waren jetzt plötzlich sehr fleißig; wir waren am Übungsgelände die ersten und gingen als letzte, wir legten Sonderschichten ein, nichts half.

Unser Ausbildungswart versuchte uns Mut zuzusprechen: „Ihr schafft das schon!“ Es klang aber nicht so überzeugend.

Als dann nach einem erfolglosen Übungsabend auch noch ein Mitglied unserer Gruppe, das unseren krampfartigen, erfolglosen Versuchen mit unseren Hunden zugesehen hatte, andere Zuschauer erstaunt fragte: „Waaas, die wollen die Schutzhundprüfung 1 machen?“, waren wir total am Boden zerstört. Aber später, als wir so richtig sauer auf dieses Mitglied wegen der etwas flapsigen Bemerkung waren, kam unter uns eine richtige

Trotzstimmung auf, und wir schworen uns: „Jetzt erst recht!"
Dann eine Woche vor der Prüfung kam die Generalprobe. Im Theaterleben ist ja eine verkorkste Generalprobe immer ein gutes Omen für die Uraufführung. Nicht so bei mir; die Generalprobe ging natürlich in die Hose und versetzte mich in Verzweiflung und Hoffnungslosigkeit. Ich machte heimlich, ohne Wissen unseres Ausbildungswartes, eine zweite und eine dritte Generalprobe unter Ausschluss der Öffentlichkeit. Eine schlechter als die andere.Mein Magendrücken wurde zu Magenschmerzen, ich fühlte mich schlecht, wollte mich krank und von der Prüfung abmelden. Ich trank literweise Kaffee, versuchte diesen mit 2-3 Bieren pro Abend zu kompensieren, nichts half, ich schlief immer unruhiger. Die letzte Nacht vor der Prüfung konnte ich wieder fast nicht schlafen. Kurz bevor der Wecker zum Aufstehen läutete, schlief ich doch vor Erschöpfung ein. Jetzt verfolgte mich sogar ein Albtraum:

Ich stand auf dem Übungsplatz und versuchte vergeblich über die 1-Meter-Hürde zu springen; die war nämlich im Traum mindestens 3 Meter hoch.

Immer wieder lief ich an und versuchte zu springen, vergeblich, ich rannte gegen die Wand, schaffte die Höhe nicht und fiel auf den Rücken. Als ich zur Stelle sah, wo sich sonst bei den Übungstagen unser Ausbildungswart aufhält und seine Anweisungen gibt, saß mein Hund dort, war mindestens fünfmal größer als in Wirklichkeit, zog die Lefzen hoch und grinste mich teuflisch und höhnisch an.

Ich schreckte schweißgebadet auf. Das Läuten des Weckers dröhnte in meinem Kopf, als wenn die Glocken von St. Peter in der Nähe läuten würden. Instinktiv griff ich unter mein Kopfkissen, holte die Prüfungsordnung hervor und las nach. „Wie war das eigentlich mit der 1-Meter-Hürde?" Natürlich! Der Hund, und nicht ich musste über die Hürde springen und mit dem Holz zurückkommen. Ich konnte diese Passage der Prüfungsordnung fast auswendig, ich hatte sie mindestens zwanzig Mal gelesen.
Ohne Frühstück fuhr ich zum Boxer-Klub. Heute war ich besonders lieb zu meiner Bruni in Form von vielen zusätzlichen Streicheleinheiten und guten Worten.
„Lass' mich nicht im Stich", flehte ich sie immer wieder an. Meinen Hund kümmerte das gar nicht; wie immer, wenn ich zum Klub fuhr, lag er im Heck meines Autos und schlief mit den üblichen Geräuschen.
Dann im Klub: Ein freundliches ‚Hallo' von allen Seiten. Martina war etwas blass um die Nase, ich selbst hatte heute gar nicht erst in den Spiegel geschaut. Ruth drückte mir mit ein paar aufmunternden Worten einen Glückspfennig in die Hand. Fest umschloss meine Faust diesen Glücksbringer. Sonst bin ich ja nicht abergläubisch; aber heute nahm ich entgegen meiner sonstigen Gewohnheit das Fährtenschild Nr. 13.

Dann ging es in den Wald zur Fährtensuche. Ich nahm meine Umgebung kaum wahr; es war, als wenn Körper und Geist getrennt wären. Ich hatte natürlich nicht die Hose voll; aber selbst wenn, ich hätte es kaum gemerkt, so aufgeregt war ich. Dann wurde die Fährte gelegt und schon stand der Richter hinter mir und sprach einige beruhigende Worte. Ganz mechanisch stotterte ich meine Anmeldung und machte die 10-Meter-Leine an

Brunis Halsband fest. Dann verließ ich mich auf meinen Hund. Und siehe da, während ich mich krampfhaft an der Leine festhielt und hinter meinem Hund durch den Wald stolperte, lief dieser mit der Nase am Boden schnurgerade der gelegten Spur entlang, fand sicher die Winkel und die zwei ausgelegten Gegenstände und setzte sich am Ende der Fährte selbstbewusst, unter dem Motto: „Ich weiß ja, was ich kann!"
Hätte ich nicht selbst einen Fehler gemacht, es wären mehr als 96 von 100 Punkten möglich gewesen.
Die lobenden Worte des Richters taten gut. Ich flüsterte meinem Hund ein herzliches ‚Danke' zu. Vor Aufregung musste ich meine Suchleine dreimal zusammenwickeln.
Gute Nachricht kam auch von den anderen Fährten: Alle Hunde hatten hervorragend gesucht, Kassandra von Ruth hatte sogar 99 Punkte erhalten.

Zurück im Klubheim wehrte ich die ersten Glückwünsche ab. Ich wusste, das Schwerste stand mir noch bevor. Am schlimmsten war die Wartezeit. Bevor die Schutzhunde mit der Unterordnung dran waren, kamen die Kandidaten für die Begleithundprüfung. Die Prüfung zog sich hin und dauerte und dauerte. Und nach jedem Hund suchte ich ein gewisses Örtchen auf.

Dann endlich! Wie im Training geübt, legte ich zuerst meinen Hund ab. Mehr gelangweilt als aufmerksam, absolvierte mein Hund diese erste Übung. Die anschließende Leinenführigkeit und die Freifolge klappten hervorragend; viel besser als im letzten Jahr bei der Begleithundprüfung.

Der Kommentar des Prüfers damals: ‚chaotisch'.

Dann eine todsichere Übung: ‚Platz' aus dem Schritt. 99 Mal geübt – 99 Mal geklappt. Nach meinem Kommando ‚Platz' schaute ich mich nicht um und entfernte mich selbstbewusst 30 Schritte von meinem Hund.

Meiner Sache sicher, drehte ich mich nach einigen Sekunden um. Mein Schrecken war groß, mein Hund saß. Mit diesen 10 Punkten hatte ich fest gerechnet. Während meine Bruni freudig auf mein ‚Hier' reagierte, bekam ich schweißnasse Hände.

Dann eine weitere Übung als sichere Bank: Holz auf ebener Erde. Freudig stürzte sich Bruni auf mein ‚Bring' auf das Holz, schnappte es sich und drehte mit Bocksprüngen und Holzschütteln eine Platzrunde; 10 lange Sekunden blieb mein Herz und Atem stehen, dann kam Bruni mit Holz zurück. Kommentar des Prüfers nachher: „Nicht richtig, aber mit Freude!"

Dann die gefürchtete Hürde, die mir einen Albtraum beschert hatte. Natürlich brachte Bruni das Holz zurück, aber nicht über die Hürde. Damit hatte ich schon gerechnet und war mit einer Teilbewertung zufrieden.

Zum Schluss das ‚Voraus'. Ungläubig schaute mich mein Hund an: „Was willst Du eigentlich? Erst soll ich eng bei Deinem Fuß laufen und dann schickst Du mich von Dir fort?"

Nach dem dritten ‚Voraus' hatte sich Bruni gerade mal fünf Meter von mir entfernt. Auf mein verzweifeltes ‚Platz' legte sie sich auch sofort hin.
„Das war zu wenig!", war der Kommentar des Richters.

Nach dem Abmelden meinte der Richter: „Da wollen wir mal schauen, was herauskommt", beugte sich über seine Aufzeichnungen und begann meine wenigen Punkte zusammenzuzählen.
„Hoffentlich mehr als 69 Punkte", antwortete ich mit einer Art Galgenhumor. Unterm Strich waren es dann gerade bescheidene 74 Punkte.

Ich war froh, die zweite Abteilung war auch geschafft, wenn auch geradeso.
Ruth und Martina erging es ähnlich: nicht berühmt; aber Hauptsache geschafft.

Dann die lange Mittagspause.Es gab gegrillte Steaks und Salat; normalerweise ein Lieblingsgericht von mir.Aber jetzt konnte ich weder den herrlichen Duft der Steaks riechen, noch einen Bissen essen.Wieder suchte ich das besagte Örtchen auf. Die Wartezeit überbrückte ich mit spazieren gehen, ich wollte alleine mit meinen Gedanken sein.

Endlich ging es mit dem Schutzdienst weiter.Zuerst war Ruth mit Kassandra dran. Alle Übungen wurden sehr gut geschafft, kein Ausreißer.Die Gesamtprüfung wurde mit Erfolg absolviert.Während Ruth und ihr Hund den verdienten Beifall erhielten, musste ich auf den Platz.
Normalerweise ist der Schutzdienst für Bruni eine heißgeliebte Abteilung, wenn nicht die geforderte Unterordnung wäre. Die Übung lief ganz gut ab. Nur beim Seitentransport musste ich höllisch aufpassen und Bruni ganz kurz führen, sonst wäre sie mehrmals an den Arm des Helfers gegangen.

Die Abmeldung beim Richter hatte ich auswendig gelernt. Aber können Sie drei Dinge gleichzeitig machen? Ich nicht! Stellen Sie sich vor: Mit meiner linken Hand musste ich Bruni ganz kurzhalten, sonst wäre sie an den Arm des Helfers gegangen, sie zog schon so verdächtig. Mit der rechten Hand musste ich dem Richter den Softstock übergeben, den ich vorher beim Entwaffnen dem Helfer abgenommen hatte und dann sollte ich mich auch noch ordnungsgemäß beim Richter abmelden. Das war zu viel! Während ich herumstotterte und nach Worten suchte, meinte der wohlwollende Richter: „Es ist in Ordnung!“

Dann erklärte der Richter mir meine Fehler. Zu Bruni

meinte er: „Der Hund ist hervorragend“, und verkündete dann das Urteil: „87 Punkte“, geschafft!

Es dauerte einige Sekunden, bis ich das verarbeitet hatte. Erst der Beifall draußen machte mir bewusst, ich hatte die Prüfung insgesamt bestanden. Mich durchströmte ein unbeschreibliches Glücksgefühl, ich schwebte über dem Boden, ein Gefühl, nur vergleichbar mit meiner ersten Liebeserklärung, als die Angebetete ‚ja‘ flüsterte. Der Stein, der mir vom Herzen fiel, war wohl noch am 10 km entfernten Flughafen zu hören. Spontan ging ich zu unserem Ausbildungswart und dankte ihm herzlich. Ihm hatte ich es in erster Linie zu verdanken, seiner Kompetenz, seiner Geduld, seiner Motivationskunst.

Nach mir kam Martina mit ihrer Sheila dran. Auch sie schaffte die Prüfung.

Die Freude war riesengroß, von allen Seiten wurden wir beglückwünscht. Wir umarmten und drückten uns, und entgegen aller hygienischen Grundregeln wurden unsere Hunde gedrückt und abgeschmust. Freude und strahlende Gesichter rundum.Das erste Bier danach war ein Hochgenuss, und ich habe noch nie so eine wohlschmeckende Bratwurst gegessen.

Dann saßen wir alle, die Hundeführer, Ausbildungswart und die vielen Angehörigen und Zuschauer zusammen. Es wurde viel erzählt, getrunken und gelacht. Und der häufigste Satz, der nach einer Prüfung von den Kanndidaten gesprochen wird, machte auch bei uns die Runde: „So etwas hat mein Hund noch nie gemacht!“
Zu diesem Satz wurden viele Geschichten und Anekdoten erzählt, und jeder wusste eine eigene Geschichte.

Mit etwas Abstand betrachtet, hatte ich fast den Eindruck wie das berühmte Angler- und Jägerlatein. Aber warum soll es nicht auch ein ‚Hundesportler-Latein' geben!

Aber dass eine Prüfung ihre eigenen Gesetze hat, ist unumstritten. Der Hundeführer ist nervös, das überträgt sich auf den Hund. Der Hund sieht andere Menschen auf dem Platz und viele Zuschauer. Außerdem wittert der Hund den Angstschweiß seines Frauchens oder Herrchens. Auch die erfahrenen Hundeführer bleiben von der Prüfungsnervosität nicht verschont.
Selbst unsere Kollegin mit den meisten Erfahrungen und weit über hundert mit Erfolg absolvierten Prüfungen, brachte in die Reihenfolge der Übungen bei der Unterordnung einen ‚Knopf' hinein.
Oder unser Ausbildungswart. Sein Hund Jacko, übrigens der erklärte Liebling meiner Bruni, hatte schon die Schutzhundprüfung Stufe 3 mit Erfolg abgeschlossen, ist insgesamt hervorragend ausgebildet und sollte am nächsten Tag die Fährtenhundprüfung angehen. Behauptete doch unser Trainer allen Ernstes, sein Hund hätte eine ‚Prüfungsallergie'! Als dann am nächsten Tag Jacko die Prüfung mit der Höchstpunktzahl und vorzüglich abschloss, habe ich mich schon gefragt: „Wer hat denn da die Prüfungsallergie, der Hund oder der Hundeführer?"

Die eingangs erwähnten Stimmungen vor der Prüfung, Nervosität, Ängste, Depression, Resignation, die vielen Stunden des Übens, des Verzweifelns, Hoffens und Bangens waren plötzlich verschwunden. Die Siegerehrung war noch nicht vorbei, die Urkunden noch nicht verteilt, da begann schon das Pläneschmieden; welcher Hund sollte wann und wo die nächste Prüfung angehen. Alle waren mit Begeisterung dabei und uns hatte das

Hundesportfieber gepackt!
Als Fazit dieser Prüfung kann ich feststellen, meine Bruni und natürlich Ruths Kassandra und Martinas Sheila sind die schönsten und besten Hunde! Und wenn das ein Richter anders sieht, macht auch nichts; auch ein Richter hat das Recht, sich zu irren!
Was aber absolut unbestritten ist: Unsere Hunde sind die Liebsten. Ich liebe meine Bruni heiß und innig, trotz – nein, weil sie so einen herrlich dicken Boxerschädel hat und mit Freude und Einfallsreichtum während der Prüfung neue Übungsteile kreiert, die in keiner Prüfungsordnung (noch nicht!) stehen.

Ein wahrlich beschi ...
Fährtengelände

Für Hundesportler wird es immer schwieriger eine Vielseitigkeitsprüfung abzulegen, da die meisten Gruppen nicht über ein geeignetes Fährtengelände verfügen. Noch komplizierter wird es, wenn man eine Fährtenhundprüfung ablegen will. Die erfordert ein relativ großes Gelände, es wird laut Prüfungsordnung ein Wechselgelände und ein Wegübergang gefordert.
Nicht zu beneiden sind die Ausbildungswarte und ihre Fährtenleger, wenn eine Prüfung ansteht. Ein geeignetes Gelände muss gefunden werden.

Die Ausreden der Bauern sind überall die gleichen.
„Die Hunde sch... auf das Gelände, die Wiese wird gemäht, morgen wird gedüngt, auf dem Acker ist frisch eingesät und im Übrigen es tut uns leid aber es geht nicht."
Noch schlimmer die Jagdpächter, die unbedingt vorher gefragt werden wollen; sie sind die Wichtigsten in dieser Kette. Sie argumentieren: „Die Bodenbrüter sitzen jetzt in der Wiese, das Wild hat gerade Junge und versteckt sich im hohen Gras, die Hunde stören den Wildwechsel und die Kraniche verfliegen sich, usw.. usw."

Natürlich gibt es auch verständnisvolle Landwirte und Jagdpächter, sonst könnte ja überhaupt keine Prüfung mehr abgehalten werden. Gegenseitiges Verständnis und Rücksichtnahme ist sicherlich auch hier das zeitgemäße Gebot!

Und dann die Hundeführer mit ihren Ansprüchen: Das Gras darf nicht zu kurz und nicht zu hoch sein, der Acker darf nicht grob, sondern glatt, auf keinen Fall zu trocken, zu hart sein, und in jedem Fall muss die Fährte deutlich zu sehen sein. Das Gelände muss im Schatten liegen, es darf nicht zu kalt oder zu warm sein und auf keinem Fall darf es regnen oder stürmen.
Und wenn dann das Prüfungsergebnis nicht so ausgefallen ist wie erhofft, dann war natürlich das Gelände ‚äußerst schwierig' und wenn das Ergebnis über Erwarten gut ausgefallen ist, wird es noch weiter hochgejubelt, ‚trotz des äußerst schwierigen Geländes'. Nun lieber Fährtenleger: Such' und finde ein geeignetes Gelände!

Als Fährtenleger in unserer Gruppe, bei zwei Prüfungen im Jahr, kenne ich natürlich die Sorgen der Fährtenleger und als aktiver Hundesportler habe ich auch meine Wünsche an ein Fährtengelände und muss trotz vieler Fährtenhund-Prüfungen immer wieder neue Eindrücke erfahren.
Um diese Erfahrungen für mich und meine junge Hündin zu erweitern und meinen hundesportlichen Zielen näherzukommen, habe ich im vergangenen Herbst an mehreren Prüfungen teilgenommen. So habe ich mich in einer benachbarten Landesgruppe bei einer befreundeten Ortsgruppe angemeldet und wurde angenommen. Bei dieser Gruppe habe ich schon einmal eine Prüfung mitgemacht, ich kenne die freundlichen und sportlich orientierten Mitglieder und auch den Fährtenleger, der garantiert eine faire Fährte legt.

Am Prüfungstag kam ich, um Zeit zu sparen, direkt zum Fährtengelände. Es lag auf einem Hügel am Rande eines Mittelgebirges, überwiegend kurz abgeweidete Wiese, es war ziemlich kalt, aber trocken und windstill, fast ein ideales Gelände.

Die Fährten für die Vielseitigkeitsprüfungen wurden gerade gesucht, alle mit Erfolg. Dann kam das lange Warten, bis die vorgeschriebene Liegezeit von mindestens drei Stunden für die Fährtenhundprüfungen abgelaufen war. In der Zwischenzeit beruhigte ich meine Nervosität mit einem kleinen Spaziergang mit meiner Hündin. Ich merkte an ihrem Verhalten, dass sie gut drauf war; auch ein gutes Zeichen.

Dann die Auslosung. ‚Verdammt!'
Natürlich die Startnummer eins. Ist die Nummer eins ein gutes oder ein schlechtes Zeichen? Was solls: Wer als erster beginnt, ist auch als Erster fertig!

Ich befestigte die 10-Meter-Leine am Halsband meiner Hündin und ging mutig, nur äußerlich ruhig und selbstbewusst zum Leistungsrichter und meldete mich und meine Hündin ohne Stottern korrekt an. Ein freundlicher Händedruck und Glückwünsche, dann war schon das Abgangsschild da.

Die ersten zehn Meter konnte ich die Fährte im kurzen Gras gut sehen, dann verlor sie sich im weiteren Verlauf. War aber nicht schlimm, ich wusste, es ging erst mal lange geradeaus und ich verließ mich auf meine Hündin. Und bevor ich ‚such' sagen konnte, war sie schon die ersten fünf Meter unterwegs. Mit gebotenem Abstand von zehn Metern, das Ende der Leine krampfhaft in der Hand, folgte ich ihr. Zielstrebig mit tiefer Nase, etwas zu schnell, hatte Bruni die Fährte aufgenommen.

Ein erstes Aufatmen: Die ersten Meter sind oft schwierig, so manche Prüfung ist schon am Abgang verloren gegangen. Diese Klippe war geschafft.

Dann, nach 30-40 Metern sah ich rechts, direkt neben der vermuteten Fährte, einen dunklen Fleck. Als wir näherkamen, entpuppte sich dieser Fleck als ein frischer Kuhfladen. Mein Herz blieb fast stehen, dann sprang mein Puls um mindestens 50 Schläge über normal hoch.

Und richtig: Meine Bruni blieb stehen, sah zum Kuhfladen, nahm die Nase hoch, verließ die Fährte einen halben Meter, steckte die Nase tief in das Kuhprodukt und leckte zweimal genüsslich daran. Dann kam sie ohne ein Kommando wieder zurück, folgte weiter der Fährte und tat so, als wäre nichts passiert.

Mein Puls hatte sich kaum beruhigt, da tauchte der nächste dunkle Fleck auf; dieses Mal auf der linken Seite. Wieder blieb Bruni stehen und mein Puls sprang hoch wie bei einer sportlichen Höchstleistung. Wieder ging die Nase hoch, wieder verließ Bruni die Fährte, ging zum dunklen Fleck, wieder verschwand die Nase darin und wieder sah ich zweimal ihre lange, rote Zunge.
Und von hinten, vom Fährtenleger oder Leistungsrichter hörte ich ein ‚guten Appetit'. Zum Glück kam Bruni ohne Aufforderung wieder zurück zur Fährte und setzte ihre Arbeit ohne Unterbrechung fort.

„Wie viele dunkle Flecken kommen denn noch" fragte ich mich, „wir sind ja erst auf dem ersten von insgesamt sieben Schenkeln!"
Aber siehe da, Bruni suchte jetzt korrekt weiter und ließ sich auch nicht mehr von noch zahlreichen anderen dunklen Flecken ablenken. Sie nahm die Winkel, die ich nicht sah, verwies die Gegenstände korrekt, der Übergang vom kurzen in das hohe Gras und wieder zurück war kein Problem und sie kam sogar mit etwas Hilfe über die letzte Klippe der Fährte, eine asphaltierte, von Autos befahrene Straße.
Dann folgte meine korrekte Abmeldung und ich erwartete etwas skeptisch den Kommentar des Richters und seine Beurteilung. Natürlich waren Brunis kulinarischen Exkursionen Gegenstand des Gespräches; aber es wurde mehr darüber gelacht als kritisiert.

Ihrer Jugend und Unerfahrenheit hatte Bruni oder besser gesagt ich, es zu verdanken, dass nicht viele Punkte neben den Kuhfladen liegen blieben. Mit einem mittleren ‚sehr gut' waren wir bestens bedient.

Ich bedankte mich artig beim Leistungsrichter und dem Fährtenleger, der wirklich sein Bestes gegeben hatte.

Als sich meine Anspannung etwas gelöst und ich Bruni ausführlich gelobt und belohnt hatte, rief ich meine Frau zu Hause an und berichtete ihr vom Ergebnis der Prüfung. Gerne nahm ich die lobenden Worte und Glückwünsche entgegen.

Als ich ihr aber den Verlauf der Prüfung schilderte, hörte ich nach einigen Schrecksekunden nur ein langgezogenes ‚Pfuiiiii'.
Dann wurde Bruni mit Liebesentzug gedroht, d.h. keine Küsschen heute Abend.

Als ich am Abend nach Hause kam, war diese Drohung aber bereits vergessen. Ich wurde mit einem ‚Hallo' und Glückwünschen begrüßt. Bruni erhielt zahllose Streicheleinheiten und natürlich einige Küsschen. Ich schaute dabei etwas verschämt zur Seite; ich hatte ja etwas gesehen, was meine Frau nicht gesehen hatte.

Vor dem Einschlafen lag ich im Bett noch lange wach und ließ die Prüfung nochmals an mir vorbeiziehen. Ich kam dabei zu dem Schluss: ‚Das war im wahrsten Sinne des Wortes, ein wirklich beschissenes Fährtengelände', und ich legte die gewonnene Erfahrung in die inzwischen prall gefüllte Schublade mit der Aufschrift ab, ‚das hat mein Hund noch nie gemacht!'

Ein Baby kommt

Bruni war jetzt fast neun Jahre alt und wir stellten uns immer öfter die Frage, was kommt nach ihr?
Ganz ohne Hund wollten wir auch nicht sein, frei nach Carl Zuckmayer ‚ein Leben ohne Hund ist ein Irrtum'.
Auf der anderen Seite musste ich nüchtern feststellen, dass ich bereits 67 Jahre alt war, zwar im Moment noch rüstig, was sich aber täglich ändern konnte. Einen Hund mit ähnlichem Temperament wie Bruni, kann von einer etwas schwächeren Person, die vielleicht immer gebrechlicher wird, nicht mehr sicher festgehalten und geführt werden.

Ein Boxer sollte es aber auch sein. Wir hatten uns so an die Eigenschaften eines Boxers gewöhnt, die da sind: Verspielt, verschmust, kinderlieb auch wegen unserer Enkelkinder, gelehrig, mutig und mit einem meistens noch akzeptablen Dickkopf versehen, also so, wie man sich einen ausgesprochenen Familienhund vorstellt. Ein Hund aus einem Tierheim oder der Organisation des Boxer-Klubs ‚Boxer in Not' sollte es auch nicht sein, allein schon wegen der Ungewissheit, was früher vielleicht mit dem Hund passiert sein mag.

Nach langer Diskussion in der Familie und mit Freunden entschieden wir uns dazu, einen Welpen, einen zweiten Boxer zuzulegen. Aber erst, nachdem uns Martina vom Klub und ihre Familie hoch und heilig versprochen hatten, den Hund zu übernehmen, sollten meine Frau und ich nicht mehr in der Lage sein, ihn zu führen und artgerecht zu halten.
Dann war noch die Frage zu klären, Rüde oder Hündin?

Nachdem wir sehr gute Erfahrungen mit unserer Hündin gewonnen hatten, ein Rüde 10 bis 15 Kilo schwerer als eine Hündin werden konnte und damit wesentlich schwieriger festzuhalten sein würde, vor allem für ältere Menschen, war auch diese Frage entschieden. Da sich unsere Hunde viel im Garten aufhielten, war bei einem Rüden das Risiko doch größer, dass er ab und zu ausbüchsen würde. Wir würden dann Anrufe aus der näheren und weiteren Nachbarschaft erhalten: „Holen Sie endlich Ihren winselnden Hund ab. Er sitzt schon stundenlang vor unserer Haustüre und wartet auf unsere heiße Hündin."

Jetzt war alles klar! Der neue Hund sollte wieder ein Boxer sein, ein Welpe und eine Hündin. Zudem wollten wir wissen, woher der Hund kommt.

Der Zufall wollte es, oder war es kein Zufall, dass eine Hündin unseres Zuchtwartes, Romanze, gerade sieben Welpen geworfen hatte. Als Vorsitzender unseres Klubs waren meine Frau und ich schon sehr früh zur ‚Besichtigung' des Wurfes eingeladen. Da Romanze eine hübsche Zuchthündin war, und ihr erster Wurf schöne und gesunde Welpen gebracht hatte, konnte ja auch der zweite Wurf, noch dazu war der Vater, namens Zocker, ein erfolgreicher Sporthund, nicht so schlecht geraten sein.
Also ließen wir uns nicht lange bitten und besuchten unseren Zuchtwart, ehrlicher gesagt, Romanze und ihre Welpen.

Das Ritual der Besichtigung eines Wurfes ist immer das Gleiche: Jeder Welpe wird in der Hand, geschützt von einem Gummihandschuh, hochgehoben, nachgeschaut,

ob alles dran ist; dann werden Farbe des Fells, der Kopf, die Schnauze und wer weiß was noch, begutachtet.
Einer der Welpen war etwas kleiner als seine Geschwister, wirkte zarter und etwas zurückgeblieben; aber wunderschön gezeichnet, gelb mit weißer Brust, mit vier gleich großen, weißen Söckchen, weißer Schwanzspitze und am Rist mit zwei winzigen, weißen Streifen, nicht größer als ein halbes Streichholz. Der Kopf hatte auch die richtige Form und es war ein Mädchen! Als ich so die Kleine betrachtete, kreuzten sich zufällig meine Blicke mit denen meiner Frau. Diesen entschlossenen Blick, der keinen Widerspruch duldet, kannte ich schon, als wir uns vor neun Jahren für Bruni entschieden hatten.
Also: DAS WAR UNSER NEUER HUND!

Unserem Zuchtwart sagten wir noch nichts von unserer Entscheidung, bekundeten lediglich unser grundsätzliches Interesse.

Vierzehn Tage später, beim nächsten Besuch, hatten wir unsere Wahl schon mitgeteilt. Es ist schon erstaunlich, wie sich Welpen innerhalb von zwei Wochen entwickeln. Alle waren wesentlich größer und schwerer geworden. Auch unsere Kleine, aber immer noch etwas schwächer als die anderen, dafür aber umso lebhafter.

Ein besonderes Merkmal hatten jedoch alle: Ein kugeliger Bauch nach dem Fressen, war der größte Teil der kleinen Welpen.

Jetzt kam die schwierige Entscheidung der Namensgebung. Nachdem es im Zwinger unseres Zuchtwartes der elfte, der ‚K-Wurf' war, mussten die Namen aller Welpen mit ‚K' beginnen. Alle, außer unserer Hündin, hatten bereits einen Namen. Kurz, prägnant und modern: Kevin, Kim, Kalle, Ken, Kelly und Kira. Wir wollten aber keinen Namen in dieser Richtung. Er sollte gut zu dem Zwingernamen ‚vom Kurfürst' passen, also schon etwas ‚Adeliges'. Meine Frau hatte schon einen gefunden, und ich fand ihn auch ganz gut: Katharina!

Nun, ‚Katharina vom Kurfürst' klang nicht schlecht, und Hunde- und Zwingername zusammen klangen ganz rund.

Sie haben natürlich recht! Der Name ist viel zu lang. Bevor man ihn ausgesprochen und gerufen hat, ist der Hund schon über alle Berge. Also musste eine Abkürzung her. „Kathi", das wars: kurz, klangvoll und die gebräuchliche Abkürzung von Katharina. Man konnte ‚Kathi' weich und freundlich rufen, aber auch hart und bestimmt.

Dass der Name aus dem Rahmen fiel und viele Erklärungen verlangte, war schon klar. Aber wenn Sie diese

Geschichte bis hierher gelesen haben, wissen Sie auch, dass ich mich nicht mehr abbringen lasse, wenn ich mich für einen Namen entschieden habe. Also, es blieb bei ‚Kathi!‘
Die nächsten Tage bis zur Abholung von Kathi vergingen wie im Flug. Kathi und ihre Geschwister wurden geimpft und ein Chip mit den Daten des Hundes, der ‚Personalausweis‘, in die linke Halsseite eingespritzt.Ich kann mich noch gut erinnern, dass Kathis Brüder bei dieser Prozedur alle aufjaulten, sie aber tapfer und klaglos dies über sich ergehen ließ. Der Tierarzt meinte: „Da sieht man, wer das starke, das tapfere Geschlecht ist!“

Dann kam der Tag,an dem wir Kathi nach Hause holten. Wir waren sehr gespannt, wie Bruni reagieren würde.Wir hatten ihr zwar schon von unserem Nachwuchs erzählt, aber verstanden hatte sie es wahrscheinlich nicht.

Die erste Begegnung war von Brunis Seite her sehr distanziert. Während Kathi die Ältere gleich freundlich ableckte und ihre Aufwartung machte, zeigte Bruni ihr die kalte Schulter. So ging das eine Woche lang. Kathi suchte bei Bruni immer Körperkontakt, beim Schlafen kuschelte sie sich immer fest an sie, lief ihr überall nach, doch Bruni schien sie abzulehnen.

Als wir uns schon Gedanken machten, ob das gut gehen würde, war nach einer Woche das Eis gebrochen. Jetzt hatte Bruni die kleine Kathi angenommen.Sie duldete deren Liebkosungen, ihre Kuschelbemühungen und beim Gassi gehen achtete sie, dass sich Kathi nie zu weit von ihr und mir entfernte. Ja, jetzt hatte Bruni die Kleine adoptiert.Kathi war ihr eigenes Baby.

Obwohl Bruni nie geworfen hatte, ging sie mit Kathi wie eine erfahrene Mutter um.
Beim Spazierengehen begegneten wir natürlich vielen Leuten.Manche blieben stehen, hatten viel Spaß an der tollpatschigen Kleinen und fragten: „Darf man sie mal streicheln?“

Immer wenn ich zustimmte, und die Spaziergänger sich nach unten beugten, um Kathi zu streicheln, drängte sich Bruni zwischen den Fremden und ‚ihr‘ Baby, um es so zu schützen. Sie duldete zwar die Streicheleinheiten der Fremden, beäugte sie aber misstrauisch und war erst beruhigt, wenn sie selbst auch gestreichelt wurde. Und so waren die Zwei unzertrennlich. Sie liefen jeden Weg zusammen, schliefen neben- und übereinander und sie waren die Attraktion bei unseren Spaziergängen.

Doch dann kam eine äußerst schwierige Phase. Lange bevor wir uns für Kathi entschieden, hatten wir einen mehrwöchigen Kururlaub in Bad Wörishofen gebucht. Wir wollten weder den Urlaub absagen, noch auf unsere Lieblinge verzichten. In das gebuchte Hotel konnten wir beide mitnehmen. Das hatten wir schon abgeklärt, aber Kathi war erst elf Wochen alt und trotz großer Bemühungen, noch nicht ganz sauber. Aber auch diese Beschwerlichkeiten wollte ich auf mich nehmen, doch dann gab es ernsthafte Probleme.

Wenige Tage vor unserer Abreise wurde Kathi krank; richtig krank. Sie bekam hohes Fieber und fing an zu husten. Kathi war immer noch zu klein und zu schwach für ihr Alter und jetzt ziemlich krank. Die Tierärztin in unserer Tierklinik zeigte sich sehr besorgt. Ihre Diagnose war: Zwingerhusten, und die Aussichten, Kathi durchzubringen, waren sehr gering. Antibiotika und Stärkungsspritzen über mehrere Tage halfen über die schwierigste Zeit.

Dann fuhren wir doch nach Bad Wörishofen mit Bruni und der schwer erkranken Kathi, begleitet von guten Wünschen unserer Tierärztin, der Adresse einer Kollegin am Urlaubsort und vielen Medikamenten. Dort angekommen, führte uns der erste Weg zur Tierärztin, den wir die nächsten zehn Tage täglich, zuerst zweimal am Tag, gingen.

Ich will den Leser nicht mit der ganzen Krankengeschichte langweilen; ich wills deshalb kurz machen: Mit vielen Mühen brachten wir Kathi durch.

Zuden täglichen Arztbesuchen musste sie auch jeden Tag gegen ihren Husten inhalieren. Nun, wie kann das gehen mit dem Inhalieren bei einem Hund?

Wir hatten für Kathi eine faltbare Gitterbox mitgebracht. Die wurde aufgestellt, und Kathi hineingesteckt. Vor die Box kam eine Schüssel mit kochendem Wasser und dem Mittel zum Inhalieren, das wir von der Tierärztin erhielten. Dann wurde die Box ganz mit großen Badehandtüchern abgedeckt. Das funktionierte ganz gut, und der Erfolg stellte sich bald ein.
Der Husten wurde weniger und verschwand nach einigen Tagen.

Kathi legte dann auch an Gewicht zu und war schnell der Liebling des Hotelpersonals und der Gäste. Eine Frau, die unser Apartment in Ordnung hielt, hatte extra mit einer Kollegin den Dienst getauscht, nur um während ihrer Arbeit bei uns, auch mit Kathi spielen zu können. Sie können sich vorstellen, dass die ersten vierzehn Tage unseres Aufenthaltes nicht gerade ein erholsamer Urlaub waren. Uns war jedoch wichtig, dass es unserer Kleinen wieder gut ging und sie sich schnell erholte. So konnten wir doch zumindest die zweite Hälfte unseres Urlaubs mit den beiden Hunden genießen.

In den nächsten Monaten waren Bruni und Kathi wie Geschwister zueinander. Die Jüngere lernte sehr viel von der Älteren. Ich nahm Kathi auch mit auf den Hundeplatz und ließ sie zusehen, wie ich mit Bruni trainierte und sie durfte auch ab und zu etwas mitmachen. Vor allem wenn ich mit Bruni auf Fährte ging, ließ ich auch die Kleine suchen. Sie hatte sehr schnell gelernt, wie eine Fährte abzusuchen ist und hatte auch

bald nach der Begleithundprüfung ihre erste Fährtenhundprüfung abgelegt.
Heute, beim Niederschreiben dieser Geschichte, wäre Kathi 13 Jahre alt geworden, vor einem halben Jahr ist sie auch über die Regenbogenbrücke gegangen. Sie war eine große, kräftige, bildhübsche und elegante Hündin geworden, der man nicht mehr ansah, dass sie mal ein kränklicher, schwacher Welpe war, der uns beinahe schon nach wenigen Wochen wieder verlassen hätte. Ihre Geschwister hatte sie nicht nur eingeholt, sondern überholt und war, wenn Sie mich fragen, die sportlichste und hübscheste Hündin ihres Wurfes.

Erfahrungen eines Veteranen

Zurück zu unserer Bruni. Sie war jetzt gut zehn Jahre alt, noch sehr fit, verspielt, verfressen wie eh und je, und die Verdauung stimmte auch. Von schwereren Krankheiten war sie verschont geblieben, und unsere Tierklinik verdiente nicht allzu viel an ihr. Die Tierarztbesuche hielten sich in Grenzen; die üblichen Impfungen, einmal ein Wespenstich in die Schnauze, und ein, von einer zerbrochenen Flasche aufgeschnittener Fußballen. Zweimal musste das wuchernde Zahnfleisch weggebrannt und ein vereiterter Zahn gezogen werden.

Bruni ging zwar keinen Streit aus dem Weg, aber zu einer ernsten Beißerei mit anderen Hunden kam es nie. Nur einmal wurde sie von einem etwas gestörten Rottweiler Rüden ins Ohr gebissen, was eine ärztliche Behandlung erforderlich machte.

Wir stellten Bruni auch noch bei einigen Ausstellungen aus, aber jetzt in der Veteranen-Klasse. In dieser Klasse werden Hunde ab acht Jahren nicht mehr platziert, sondern nur noch bewertet und besprochen.
Bei der letzten Ausstellung vor einigen Wochen urteilte der Formwertrichter u. a: „Mittelgroß, goldgestromt, in ausgezeichneter Verfassung präsentiert. Typvoller Boxerkopf, kantiger, leicht gewölbter Oberkopf, korrekter Stop und Stulp, Fang voll mit guter Kinnmarkierung, Maske leicht ergraut, kräftiger Hals auf kräftigem quadratischen Gebäude. Ausgezeichnete Vorbrust, Brusttiefe und Winkelungen der Vorder- und Hinterhand …“ So eine gute Beurteilung hatte Bruni in jungen Jahren nie erhalten!

Natürlich haben wir gemerkt, dass Bruni älter geworden ist; so hörte sie z.B. jetzt etwas schlechter, oder war der Dickkopf dicker geworden?

Am besten soll Bruni Ihnen selbst erzählen wie es mit dem Älterwerden ist:

„Seit einigen Monaten gehöre ich zu den Veteranen; wie mein Frauchen und Herrchen. Nur der, der gehört schon zu den alten Veteranen!
Heute will ich Euch von meinen Erfahrungen als Veteran berichten:

Die Welt hat sich total verändert; alles hat sich geändert.
Der Metzger und Bäcker in unserem Dorf, wo ich wohne, sind jetzt viel weiter weg wie früher. Und der Briefträger hat für Olympia trainiert; er ist jetzt viel schneller, früher hatte ich ihn nach drei Sätzen, heute brauch' ich zehn.
In unserem Haus gibt es zwölf Stufen bis zum Schlafzimmer von meinen Leuten. Die sind jetzt so steil und mehr sind es auch geworden. Und der Zaun im Garten ist jetzt so hoch, dass ich nicht mehr drüber springen kann.
Mein Herrchen hat auch ein neues Auto.; der Kofferraum ist so hoch, dass mein Herrchen mich immer rein- und rausheben muss.
Die Schrift auf den Futterdosen ist so klein, dass ich nicht mehr lesen kann, was drin ist.
Am meisten haben sich mein Frauchen und Herrchen verändert: Die sprechen jetzt so leise, dass ich sie kaum noch verstehe.

Unser Übungsplatz hat sich auch geändert: Er ist viel länger als früher und die Verstecke sind weiter auseinander. Die Meterhürde ist doppelt so hoch, obwohl davon nichts in der Prüfungsordnung steht. Und das Apportierholz war früher mit zwei Kilo schon schwer genug; aber heute ist es noch viel schwerer.

Die kleinen Welpen haben sich auch sehr verändert. Sie sind viel jünger als ich in ihrem Alter war. Und andererseits sind die Hunde in meinem Alter viel älter als ich. Letztes Mal habe ich meinen Zwillingsbruder getroffen. Stellen Sie sich mal vor: Der ist so alt geworden, dass er mich nicht mehr erkannt und angeknurrt hat.

Über diese Veränderungen hab' ich heute früh nachgedacht, als ich mein Herrchen wecken ging. Als ich am Spiegelschrank vorbei ging und hineinsah, mein Gott was bin ich erschrocken! Die Qualität der Spiegel ist auch nicht mehr wie vor zehn Jahren!

Die ganze Welt hat sich verändert, alles hat sich geändert.

Nur eins ist gleichgeblieben, hat sich nicht geändert: Die Futterportionen, die mir mein Frauchen jeden Tag gibt, sind genau so klein wie früher!"

Die Regenbogenbrücke

Bruni war jetzt 10 ½ Jahre alt und noch sehr sportlich, machte noch verschiedene Disziplinen des Hundesportes wie Fährte und Unterordnung und hatte noch viel Spaß dabei.
Vor drei Monaten nahmen wir an der Landesmeisterschaft für Fährtenhunde teil und belegten den fünften Platz und waren unter allen Teilnehmern der älteste Hund.
Vor Beginn der Winterpause hatten wir noch an einer Fährtenhundprüfung mit sehr gutem Ergebnis mitgemacht und damit schon wieder die erste Qualifikation für die Landesmeisterschaft im nächsten Jahr geschafft. Bruni war also noch gut drauf!

Es war Sonntag und der erste Übungstag nach der Weihnachtspause. Ein wunderschöner, fast frühlingshafter Tag mitten im Januar, hatte viele Mitglieder auf das Klubgelände gelockt. Manche waren nur zum Frühschoppen gekommen, saßen schon im Freien, hielten ein Schwätzchen oder fachsimpelten. Die Hundesportler diskutierten über die ersten Prüfungen im Frühjahr, über die jeweiligen Erfolgsaussichten und auch einige neue, junge Hunde wurden begrüßt. Einige Übereifrige hatten schon mit dem Training begonnen, so auch ich mit Bruni und Kathi, die schon 1 1/2 Jahre war, und mit der ich vor einigen Wochen die Begleithund-Prüfung geschafft hatte.
Am Morgen waren wir mit Kollegen in den nahen Stadtwald gegangen und ich habe für meine beiden je eine Fährte gelegt und diese dann nach einer gewissen Liegezeit ganz ordentlich abgesucht. Die längere Trai-

ningspause über die Weihnachtszeit hatte keine Einbußen in der Leistung verursacht.
Später auf dem Übungsplatz haben wir dann das übliche Programm der Unterordnung mitgemacht. Mit Bruni habe ich die Sprünge über die Meterhürde und die Kletterwand ausgelassen, um sie altersbedingt zu schonen.

Nach dem Mittagessen kam die Lieblingsdisziplin der meisten Hunde, der Schutzdienst. Es bereitet ihnen die größte Freude und ein echtes Erfolgserlebnis, in den Ärmel des Schutzdiensthelfers zu beißen und dann den Ärmel als Beute fortzutragen.

Der Schutzdienst ist eine äußerst schwierige, wahrscheinlich die schwierigste Disziplin im Hundesport.Hier wird nicht nur die Wehrtüchtigkeit und der Beutetrieb des Hundes trainiert, sondern auch der absolute Gehorsam gegenüber dem Hundeführer. So muss der Hund trotz höchster Anspannung immer in der Hand seiner Führerin oder Führers stehen. Er muss den Schutzdiensthelfer bewachen ohne anzugreifen, ihn verfolgen und stellen, aber auf jedes Kommando des Hundeführers hören, den Helfer bzw. dessen Ärmel auf den leisesten Befehl loszulassen.Es ist eine Gratwanderung, kostet viel Übung, Fleiß und Schweiß bis der Hund beide Bereiche beherrscht. Meistens überwiegt das Können in einem Bereich, was zu Lasten im anderen geht.
So ist es auch mir meistens mit Bruni ergangen; der Wehr- und Beutetrieb überwog, mit dem Gehorsam hatte ich meine Probleme. Schon wenn mit dem Schutzdienst im Training begonnen wurde, sie die Kommandos und das Bellen der anderen Hunde hörte, fing sie an in ihrer Box zu jammern und zu jaulen und

konnte es nicht abwarten, bis sie an die Reihe kam.

Ich hatte schon seit zwei, drei Jahren mit Bruni keinen ernsthaften Schutzdienst mehr trainiert; einerseits hatte ich schon mehrmals die höchste Stufe der Vielseitigkeitsprüfung mit ihr erfolgreich absolviert, andererseits wollte ich ihr die physischen und psychischen Anstrengungen des Schutzdienstes im Alter ersparen, noch dazu wo ihr doch ein Reißzahn fehlte. Der andere steckte wohl in einem Ärmel des Schutzdiensthelfers; wir hatten ihn nie gefunden!

Als an diesem schönen Sonntag der Schutzdienst für alle Hunde abgeschlossen war, meine Bruni aber immer noch in ihrer Box jammerte und jaulte, bat ich einen unserer Helfer, doch mit ihr einen kleinen Schutzdienst zu machen und sie in die dicke Beißwurst beißen zu lassen, wie sie für junge Hunde oder Anfänger verwendet wird.Und wie selbstverständlich bellte sie den Helfer an und biss mit Freude in die Beißwurst, als der Helfer sie ihr anbot.

Voller Stolz trug sie dann ihre Beute über den Platz, lief beim Tor hinaus, zeigte allen Zuschauern mit hoch erhobenen Kopf die eroberte Beißwurst, lief damit bis zu unserem Auto und sprang in ihre Box im Kofferraum, dessen Klappe ich offengelassen hatte. In den letzten Jahren hatte ich sie immer ins Auto rein- und rausgehoben, um ihre Gelenke zu schonen; heute sprang sie ganz ohne Hilfe, offensichtlich ohne Probleme ins Auto.

Ich holte dann Kathi aus ihrer Box; sie hatte schon alle Übungseinheiten inklusive des Schutzdienstes hinter sich, ging dann mit ihr in den Wald, um ihr Gelegenheit zum Lösen zu geben und ließ sie dann in die Box zu Bruni springen. Dann ging ich ins Klubhaus, bezahlte meine Zeche und fuhr dann mit meiner Frau und beiden Hunden nach Hause.

Dort angekommen, fuhr ich wie üblich aus Bequemlichkeit nicht in die Garage, sondern auf den Stellplatz direkt vor dem Haus. Von da sind es nur fünf Schritte; bei Regen bin ich trockenen Hauptes schnell im Haus und habe auch nicht weit zu tragen, wenn ich einmal etwas Schweres transportieren muss.

Zuerst trugen meine Frau und ich Dinge ins Haus, wie Ersatzkleidung und Sonstiges, was man halt im Hundeklub zum Training braucht. Und verschiedenes Geschirr und Küchengeräte; meine Frau hatte an diesem Sonntag Küchendienst im Klub. Dann öffnete ich die Heckklappe meines Autos, die Boxentür und ließ Kathi wie üblich rausspringen.

Dann hob ich Bruni raus und setzte sie auf den Boden. Dann lähmte mich sekundenlang ein gewaltiger Schrecken, und ich hatte ein Gefühl, als wenn mein Herz stillstehen, und mir der Boden unter den Füßen weggezogen würde. Bruni fand auf dem Boden keinen Halt und kippte zur Seite. Dabei atmete sie unregelmäßig und schwer, die Augen waren halb geöffnet, aber ohne Blick, und sie reagierte auch nicht auf meine Worte.

In wenigen Sekunden gingen mir tausend Gedanken durch den Kopf. Was hat sie, das kenne ich gar nicht von ihr, was soll ich tun, geht es mit ihr zu Ende? Nein, das kann es nicht sein! Vor gut einer Stunde war sie noch total fit und trug die große Beißwurst voller Stolz vom Platz. Und jetzt? Brunis Leben flog an mir vorbei, ich ahnte das Schlimmste, wollte es aber nicht wahrhaben.

Mit meiner Frau legten wir sie auf eine Decke, die wir aus dem Haus geholt hatten und trugen sie hinein auf ihr Lieblingsbettchen. Wir redeten auf sie ein, boten ihr Wasser an, streichelten sie, aber alles ohne Reaktion; nur der Atem ging nach wie vor unregelmäßig und schwer.
Dann plötzlich hob sie ihren Kopf hoch und heulte kurz auf. Ich erschrak, das Blut in meinen Adern gefror. Ich hatte noch nie so einen Ton von ihr gehört.

Es klang wie das Heulen eines Wolfes in der Nacht. Dann lag sie wieder ruhig auf der Seite, und nur am Atem konnte ich sehen, dass sie noch lebte.
Ich rief bei unserer Tierklinik an, die nur wenige hundert Meter von uns entfernt ist. Zufällig hatte die junge Ärztin Notdienst, die ich von der Behandlung bei Kathis Erkrankung als Welpe kannte. Wir hoben also Bruni wieder ins Auto, wobei die Decke als provisorische Bahre diente, fuhren zur Klinik. Die Ärztin

erwartete uns schon, und wir legten sie in einem Untersuchungsraum auf den Behandlungstisch.
Die Ärztin wollte ihr Blut zur Untersuchung aus einem Vorderpfötchen abnehmen; trotz mehrerer Versuche kam kein Blut. Alle vier Läufe waren eiskalt. Nun stach die Ärztin in die Bauchhöhle, wo sie Wasser vermutete, aber es kam nur Blut. Jetzt brachten wir Bruni schnell in den Röntgenraum, wo einige Aufnahmen von ihr gemacht wurden. Während wir auf die Bilder warteten, lag sie wieder auf dem Behandlungstisch, ich saß auf einem Hocker vor ihr, hielt mit einer Hand ihr Köpfchen, mit der anderen streichelte ich sie.
Ihr Atem war kaum noch zu spüren, sehen konnte ich sie nicht, Wasser in den Augen versperrte meinen Blick, aber ich spürte, wie das Leben aus ihrem Körper ging. Bevor die Ärztin mit den Röntgenbildern kam, war Bruni schon nicht mehr.
Die Diagnose war kurz und einfach: Tumor in der Milz, der aufgegangen war; Blut gelangte in die Bauchhöhle, sie war innerlich verblutet. Bruni war über die Regenbogenbrücke gegangen.
Die nächsten Stunden und Tage waren für mich furchtbar, ich fühlte mich wie in Trance. Ich rief die Kinder an, Freunde und Kollegen im Klub und teilte ihnen das Ende von Bruni mit. Die meisten waren überrascht, einige schockiert und alle wollten mich trösten. Bei jedem Gespräch schossen mir Tränen in die Augen, und nach den ersten Worten fing ich an zu schlucken und zu würgen; ich brachte kaum einen Ton raus, außer einem lautlosen Schluchzen. Ich war traurig und trauerte um meine heißgeliebte Bruni.
Sie werden fragen: „Muss man denn um ein Tier so trauern?“
Ich weiß es nicht – ich aber ja!

Vielleicht weil es mein erster eigener Hund war, vielleicht hatte ich von klein auf ein inniges Verhältnis zu Bruni. Natürlich war sie ein toller, ein einmaliger Hund, mit dem ich zahllose glückliche Momente erlebt hatte. Vielleicht habe ich auch weniger um sie getrauert und vielmehr mich bedauert, weil ein Stück von mir fehlte.
Mit etwas Abstand gesehen, ist es vielleicht ein kleiner Trost, dass sie nicht lange leiden musste, Quälereien beim Tierarzt und Operationen ihr erspart blieben und sie bis zu ihrem Ende viel Freude auf dem Hundeplatz und beim Sport hatte.

Kathi hatte ihre Ziehmutti Bruni die ersten vierzehn Tage nach ihrem Weggang auch vermisst und überall nach ihr gesucht. Danach hatte sie sich schnell an das Alleinsein bei uns gewöhnt und freute sich, wenn sie zwei-, dreimal die Woche auf dem Hundeplatz ihre Artgenossen traf und mit viel Freude für den Hundesport trainieren konnte.

Heute, nach über zehn Jahren schreibe ich Bruni's Geschichte nieder. Ich sitze an meinem Schreibtisch und tippe die zahlreichen Erlebnisse in den PC. Oft muss ich unterbrechen, suche nach einem Taschentuch.
Mein Blick fällt durch das große Fenster in den Garten. Dort hatten Bruni und Kathi immer mit ihren Bällen und Spielsachen herumgetobt. Sie konnten aber auch beobachten, was sich auf der Straße tat und auf der anderen Seite im Haus und Küche, beim Zubereiten ihres Fressens.

Mein Blick schweift weiter und fällt auf einen Busch, dessen Namen ich mir nie merken kann. Er hat zahllose kleine Blätter, die sich beim kleinsten Lufthauch bewegen. Unter diesem Busch war im Sommer Brunis

Lieblingsplatz. Trotz größter Hitze lag sie dort; darunter war es angenehm kühl und die Blätter, die sich immer bewegten, fächerten ihr kühle Luft zu. Sie rekelte und streckte sich und schlief dort oft stundenlang. Es war aber auch ein strategisch wichtiger Platz; von dort konnte sie das Gartentor sehen und beobachten, was auf der Straße vor sich ging.

Dort, an dieser Stelle steht heute eine Blumenschale mit kleinen roten Nelken. Sie markiert den Platz, an dem ich die Urne mit Brunis Asche vergraben habe.
Und während mir wieder einmal Tränen die Augen verschließen, denke ich: ‚Bruni, ich bin glücklich und dankbar, dass es Dich gegeben hat.Du hast mir unendlich viel Lebensfreude geschenkt.“

Nachwort

... warum ich die Geschichte

„Hündin Bruni – unser Sonnenschein"

genannt habe?

Nun ganz einfach:

Bruni hat meiner Frau und mir jeden Tag Sonnenstrahlen in unser Herz geschickt.

Sie hat uns unbezahlbar

viel Lebensfreude

geschenkt!

Hündin Bruni ...
... unser Sonnenschein

HERA von NÜSSEBERG
Gerufen: BRUNI * 8.7.1996, + 14.1.2007

Bestandende Prüfungen:

AD	Ausdauerprüfung
ZTP	Zuchttauglichkeitsprüfung
BH	Begleithundprüfung
VPG 1-3	Vielseitigkeitsprüfung
FH 1-2	Fährtenhundprüfung
Zeichnung:	Maike Vollmann Rechte und im Besitz des Autors

Autoren-Portrait

Der Autor Peter Jungwirth 1938 in Aussig, Sudetengau geboren, nach dem Krieg in Starnberg am See in Oberbayern aufgewachsen, studierte in München Maschinenbau und war als Diplom-Ingenieur, Kundendienstleiter und Vertriebsdirektor für mehrere Automobilunternehmen tätig. Zuletzt war er beruflich als Geschäftsführer zweier Betriebe in Sachsen und vor seiner Pensionierung als Unternehmensberater im Einsatz.

Zahllose Aufsätze für Fachzeitschriften, Betriebsanleitungen und Vertriebs- und Servicehandbücher hat Peter Jungwirth in seinem Berufsleben verfasst.

Privat ist der Autor in zweiter Ehe verheiratet und hat zwei erwachsene Kinder. Von klein auf ist er dem Sport verbunden, war aktiver Leichtathlet und Handballspieler, später Funktionär in Vereinen und Verbänden und hat für sein Engagement hohe Auszeichnungen erhalten.

Heute lebt er in Hessen, im Taunus, engagiert sich für alte Menschen im Seniorenbeirat seiner Stadt, ist im Tierschutz eingebunden, vermittelt verwaiste Hunde, ist Ehrenvorsitzender zweier Hundeklubs, widmet sich dabei der Ausbildung junger Hundeführer und betreibt selbst erfolgreich mit seinen Hunden Hundesport.

Im Noel-Verlag

sind vom Autor bisher erschienen

...

der Provinzkrimi:

Die Spargelbaronin

ISBN 978-3-95493-078-4
181 Seiten
15,90 €

die Geschichtensammlung:

Tschüss Frau Doktor

ISBN 978-3-95493-282-5
149 Seiten
16,90 €